LA RÉPUBLIQUE
DANS LES
CARROSSES DU ROI.

TRIOMPHE SANS COMBAT.

CURÉE DE LA LISTE CIVILE
ET DU DOMAINE PRIVÉ.

SCÈNES DE LA RÉVOLUTION DE 1848.

PARIS — TYPOGRAPHIE DE FIRMIN DIDOT FRÈRES, RUE JACOB, 56.

LA RÉPUBLIQUE
DANS LES
CARROSSES DU ROI.

TRIOMPHE SANS COMBAT.

CURÉE DE LA LISTE CIVILE
ET DU DOMAINE PRIVÉ.

SCÈNES DE LA RÉVOLUTION DE 1848.

PAR LOUIS TIREL,
EX-CONTRÔLEUR DES ÉQUIPAGES DE S. M.

> « Louis-Philippe, allégeant toutes les
> « consciences, s'enorgueillissait de s'être
> « trahi lui-même, en ne voulant à aucun
> « prix d'une collision sanglante. »
>
> (Adolphe D'HOUDETOT, *Honfleur et le Havre*, page 22.)

PARIS,
GARNIER FRÈRES, LIBRAIRES-ÉDITEURS,
PALAIS-NATIONAL,
ET CHEZ TOUS LES LIBRAIRES.

SEPTEMBRE 1850.

ÉPILOGUE
Servant de préface.

Mort du Roi Louis-Philippe.

Cet ouvrage était complétement terminé, et déjà sous presse, quand la nouvelle de la mort de S. M. le Roi Louis-Philippe, décédé à Claremont le 26 août, à huit heures du matin, est venue ajouter une immense douleur à toutes les afflictions que la révolution de 1848 a fait naître.

Ces funestes événements ont seuls hâté la fin de ce prince, dont ils n'avaient pu abattre l'énergie. Malgré son grand âge, sa puissante organisation promettait encore de longs jours d'une verte vieillesse, si de profonds chagrins n'en eussent abrégé la durée. L'iniquité et l'ingratitude sont des agents destructeurs d'une redoutable activité sur les nobles natures; il a fallu toute la force d'âme du Roi pour qu'il y ait résisté aussi longtemps.

La postérité avait déjà commencé pour Louis-Philippe, dont le rôle politique semblait terminé désormais. Néanmoins, les passions soulevées contre lui par une perfide malveillance sont loin d'être amorties, et c'est peut-être plus que jamais le moment de combattre les calomnies répandues par d'indignes détracteurs.

La mort ne désarme pas l'injustice. Elle efface les préventions, les répulsions irréfléchies conçues par des cœurs honnêtes, par des âmes élevées : mais la perversité n'est pas accessible à d'aussi généreux sentiments; elle s'acharne aux réputations, alors même que ses coups ne rencontreraient plus qu'un cercueil. Le respect des tombeaux lui est inconnu ; comme les vampires, elle les profane pour y chercher sa détestable pâture.

En traçant les pages qu'on va lire, j'avais pour but, non pas d'offrir au Roi, que j'ai loyalement servi, un tribut de louanges adulatrices, mais de le défendre, après sa déchéance, des outrages odieux qu'il a trop dédaignés aux temps de sa splendeur, et qui ont puissamment contribué à sa chute.

Cet hommage pur et désintéressé, que je voulais rendre à S. M. de son vivant, je n'ai plus aujourd'hui à le consacrer qu'à sa mémoire. C'est à mes yeux un motif de plus pour n'en pas différer d'un seul jour la publication.

J'ai servi pendant seize ans dans l'administration de la liste civile, et j'en suis sorti comme j'y étais entré : c'est-à-dire libre de toute influence, et professant les sentiments patriotiques dont j'étais animé en Juillet 1830.

J'ajoute que mes seize ans de service ne m'ont valu ni retraite ni pension.

J'écris donc, avec une entière indépendance, pour louer ou pour blamer ce que ma conscience approuve ou répudie.

Bien des gens qui me liront, et qui me critiqueront peut-être, n'en pourraient pas dire autant.

LA RÉPUBLIQUE
DANS
LES CARROSSES DU ROI.

TRIOMPHE SANS COMBAT.

CURÉE DE LA LISTE CIVILE
ET DU DOMAINE PRIVÉ.

SCÈNES DE LA RÉVOLUTION DE 1848.

I.

Deux révolutions : 1830 et 1848. — Parjure et fidélité ; même récompense. — Le pamphlétaire Cormenin démenti par le liquidateur Vavin.

Nous sommes à une époque beaucoup trop rapprochée des graves et funestes événements de 1848, pour qu'il soit possible en ce moment d'en écrire l'histoire. Il est bon, il est utile pourtant que les témoins et les acteurs involontaires de ce drame, si fécond en incidents trop souvent lugubres, mais aussi parfois burlesques, ne laissent point s'éteindre les souvenirs qu'ils en ont conservés. Les mémoires publiés à ce sujet, quelle que soit leur couleur, seront de précieux documents pour l'écrivain, complétement dégagé de préoccupations personnelles, qui voudra plus tard en tracer le récit exact et impartial, tel qu'il convient de le transmettre à la postérité.

C'est afin de concourir, dans la limite de mes forces, à l'accomplissement de cette œuvre difficile que j'ai résolu de publier à mon tour, non pas seulement un détail fidèle des faits qui se sont passés sous mes yeux ou dont j'ai acquis la conviction intime, mais aussi les impressions qu'ils m'ont laissées.

Je suis, parmi les hommes dévoués à cette noble famille d'Orléans que la révolution de février a si brutalement précipitée du trône, l'un des premiers qui aurai pris la résolution de remplir cette tâche avec quelque étendue. Tout en protestant de ma scrupuleuse véracité dans la narration des choses que j'ai vues s'accomplir, ou dans la reproduction de celles qui m'ayant été seulement racontées sont néanmoins certaines à mes yeux ; tout en affirmant l'authenticité des documents que je livre à la curiosité publique, je crois qu'il est loyal de débuter ici par faire connaître mes sentiments et mes opinions, afin que le lecteur soit bien fixé sur la nature des influences sous l'empire desquelles cet opuscule a été écrit.

Je ne suis pas un homme politique, je le déclare en toute humilité. Dans un temps où chaque citoyen peut s'élever aux plus hauts emplois, en partant de la situation la plus infime, mais où l'on a vu tant de goujats pourvus de missions d'autant plus *extraordinaires* qu'elles leur étaient confiées, se targuer de ce titre d'homme politique, et tant d'autres l'invoquer pour colorer les plus déplorables antécédents judiciaires, il peut être prudent de faire ses réserves à cet égard.

Vieux libéral sous la Restauration, homme de Juillet 1830, et décoré pour ma conduite à cette mémorable époque, j'avais obtenu un modeste emploi de contrôleur dans l'administration de la liste civile, et j'étais attaché en cette qualité au service de l'habillement et du matériel des équipages du roi.

Je dois trop de reconnaissance à la famille royale, quoique je ne me sois pas enrichi de ses bienfaits, j'ai été témoin de trop d'actes de munificence et de bonté de la part de tous ses membres, de la part du roi et de la reine surtout, pour ne pas avoir cherché à me rendre compte des causes auxquelles il fallait attribuer cet incroyable acharnement, cette aveugle et ignoble fureur avec lesquels une aussi grande portion de la population de Paris s'est ruée sur tout ce qui appartenait à ces augustes personnages, et ne les aurait pas épargnés eux-mêmes si la fatalité les eût fait tomber entre ses mains.

Je vais soumettre à mes lecteurs le résultat de mes recherches et de mes réflexions à ce sujet.

Si l'on compare attentivement entre eux les événements de 1830 et ceux de 1848, on est frappé de l'extrême différence qu'ils présentent dans leurs causes immédiates, dans leurs caractères, dans les circonstances au milieu desquelles ils se sont accomplis.

En 1830, la réaction contre-révolutionnaire marchait ouvertement à la reconstitution du pouvoir absolu. Les Bourbons de la branche aînée prouvaient, une fois de plus, qu'*ils n'avaient rien oublié, rien appris*. Le vieux roi, poussé par une congrégation puissante, entraîné par le souvenir des plus brillantes pages de l'histoire de sa maison, méconnaissant la puissance des faits et les besoins de l'époque, croyait probablement agir en Louis XIV lorsqu'il chassait du fouet de ses ordonnances l'assemblée parlementaire que venait d'élire le peuple, avant même qu'elle fût entrée en séance.

Charles X violait donc sans scrupule, pour ramener la France sous un joug qu'il considérait comme légitime, le serment solennel qu'il avait prêté à Reims de respecter les libertés publiques consacrées par la Charte de 1814, et conquises par la révolution de 1789. Celle-ci n'avait jamais été pour lui qu'une révolte contre le principe antique, mais maintenant sans prestige du droit divin.

Ainsi, en 1830, le peuple avait à punir le parjure du souverain, de l'héritier d'une dynastie que les armées étrangères avaient rétablie sur le trône en l'imposant aux répugnances de la nation, comme l'avait si bien dit Manuel, et dont le règne, impatiemment supporté depuis quinze années, ne s'était jamais retrempé par une adoption franche et sincère des principes que consacraient d'impérissables souvenirs. Ces principes, faut-il le rappeler, avaient en effet pour sanction les mémorables déclarations des états généraux, les décrets de l'Assemblée constituante, les gloires du Consulat et de l'Empire, et enfin ce sentiment profond et ineffaçable que la nation avait acquis de sa dignité et de ses droits, si chèrement payés.

Telle était, après le 25 juillet 1830, la situation des esprits, qu'on aurait pu s'attendre aux plus grands excès de la part de cette population justement irritée d'une entreprise audacieuse et criminelle, soutenue les armes à la main, et où son sang avait coulé en abondance pendant trois jours de luttes acharnées. Et pourtant, c'est un fait historique remarquable et incontesté, dont beaucoup d'entre nous ont été les témoins : jamais modération plus admirable ne se fit voir au milieu de l'enivrement d'une victoire populaire, alors qu'aucuns chefs reconnus n'étaient là pour l'inspirer. Le combat fut exempt de tout caractère de férocité; aucune action honteuse ne souilla le triomphe, et la famille royale, dont tous les biens furent religieusement respectés, put traverser la France jusqu'à Cherbourg, sans subir aucun de ces ignobles outrages qu'un peuple généreux sait épargner aux grandes infortunes.

Les choses furent tout autres en février 1848.

Alors régnait un roi-citoyen, appelé au trône par la volonté nationale; qui avait franchement adopté toutes nos gloires, tous les principes consacrés par la révolution de 1789 ; — un prince qui combattait à Jemmapes dans les rangs de nos braves soldats; qui, dans l'exil comme après son retour, avait constamment professé les sentiments les plus généreux et les plus libéraux ; dont les fils, élevés aux mêmes colléges que les nôtres, ont noblement servi la France partout où ses armées et ses flottes ont été appelées à vaincre; dont la famille entière, enfin, unie dans la pratique de toutes les vertus, ne s'est jamais séparée des intérêts de la patrie.

Ce roi n'a pas, lui, manqué à la foi jurée ; il n'a pas même voulu maintenir par la force des armes son autorité légale, montrant ainsi son respect consciencieux pour ce qu'il crut être le vœu de la nation, alors que le vrai peuple ne songeait nullement à l'éloigner du trône. Il a donc signé son abdication sans tenter le sort d'une bataille qu'il aurait infailliblement gagnée; et si le sang du peuple a coulé dans quelques-unes des luttes soutenues par les soldats chargés de rétablir la tranquillité des rues, c'est seulement lorsque ces derniers se trouvèrent dans le cas d'une légitime défense, ou à la suite des plus audacieuses comme des plus perfides provocations. Les généraux avaient reçu l'ordre de ne point engager de combat, les soldats de ne point faire un usage hostile de leurs armes. Rien ne motivait donc une funeste irritation populaire, et tout, au contraire, devait faire penser que le roi, déposant volontairement le pouvoir sans que sa déchéance eût même été provoquée, jouirait au moins des mêmes égards, du même respect pour les personnes et pour les choses, dont la dynastie parjure avait vu sa retraite entourée.

Mais non! C'est en fugitifs que tous les membres de cette famille auguste ont dû quitter le palais où, depuis dix-huit années, ils avaient réuni les merveilles des arts et de l'industrie française; où leur vie large et généreuse avait répandu tant de bienfaits, où chaque année les notabilités populaires, à tous les degrés, étaient admises à jouir de la plus magnifique et de la plus cordiale hospitalité. Ils ont dû fuir pour sauver leurs têtes, non pas seulement en laissant à l'abandon ces richesses auxquelles le patrimoine du roi avait contribué dans une si notable proportion, mais sans pouvoir même se munir des objets usuels les plus indispensables. Et ces biens qui leur appartenaient légitimement, ces œuvres admirables de nos artistes les plus célèbres, ces produits précieux de nos manufactures, ont été livrés au pillage et à la dévastation la plus brutale et la plus sauvage!

Cruelles et douloureuses anomalies, difficiles à expliquer, et qui pourraient se résumer en ce peu de mots : Charles X a perdu le trône, parce qu'il a violé ses serments ; ... Louis-Philippe, parce qu'il y est demeuré fidèle !

En revenant sur le caractère respectif des événements qui se sont passés à ces deux époques, nous trouverons pourtant une explication assez naturelle des différences notoires qu'ils présentent dans leur moralité.

En 1830, ce fut évidemment la royauté qui tenta une entreprise contre l'ordre légal, et le peuple qui prit sa défense. Le premier acte de résistance à cette injuste agression fut la protestation toute pacifique des organes de la presse, dont on voulait étouffer la voix. Le pouvoir y répondit par des actes de violence qui soulevèrent la bourgeoisie tout entière. Le mouvement ne s'arrêta pas à Paris : il se produisit simultanément sur tous les points du royaume. Partout on vit la portion la plus notable de la population se mettre à la tête de ce mouvement réellement *conservateur*, car il s'effectua au cri de *Vive la Charte!* de cette réaction populaire de l'ordre et de la légalité contre l'insurrection absolutiste du pouvoir.

Voilà pourquoi cette révolution fut pure de toute souillure, de tout excès, malgré les sanglants combats au prix desquels elle fut achetée. La branche aînée n'avait pas renoncé volontairement à sa criminelle tentative; elle l'avait appuyée par la fusillade, par la mitraille. Si la victoire du peuple fut calme, digne, généreuse, ce n'est pas seulement parce qu'il avait le sentiment de sa force et de son droit ; ce fut surtout parce que la présence des plus honnêtes gens de Paris, dans les rangs de ses combattants, encouragea les bons instincts et comprima les mauvais; que partout leurs discours et leur exemple exercèrent la plus heureuse influence sur les masses, qu'il est aussi facile de diriger vers le bien que vers le mal.

Le cri de *Vive la Charte!* voulait dire : Point

de meurtres, point d'attaques aux personnes, point de pillage ni de destruction! Aussi, le palais des Tuileries, pris par le peuple, ne fut pas dévasté, les propriétés de la famille royale furent respectées; et si quelques-uns de ses membres s'étaient trouvés à Paris, les mêmes égards les auraient entourés.

En 1848, les rôles étaient changés. Celui de *conservateur* du pacte légal, de la résistance aux changements qu'on voulait y introduire, était échu à la couronne : c'était, au contraire, une fraction plus ou moins nombreuse de la population qui voulait *modifier* l'ordre établi, mais non pas le changer. Une majorité parlementaire considérable résistait également à ces demandes : le gouvernement était donc dans son droit.

Il reste seulement à savoir si, en présence des manifestations réitérées qui se produisirent sur tous les points du pays, et qui pouvaient faire présumer que l'opinion publique n'était plus exactement représentée par la majorité des chambres, le gouvernement n'aurait pas dû céder, plus tôt qu'il ne l'a fait, à une volonté populaire aussi généralement exprimée ; si la réforme électorale, réclamée avec tant de persistance, n'eût pas été, pour le plus grand nombre, une satisfaction suffisante, et si, en la refusant d'une manière aussi formelle jusqu'à ce qu'on ait été contraint de céder, on n'a pas fourni de puissants alliés au parti *socialiste* et au *communisme*, contre lesquels, en réalité, cette résistance était dirigée.

Je laisse aux hommes véritablement politiques

le soin de discuter et de résoudre cette grave question. Je rappellerai seulement qu'aux deux époques mises en présence, l'explosion populaire a été la conséquence d'une situation beaucoup trop tendue, provenant de ce que les conseillers de la couronne n'avaient probablement pas bien apprécié la situation des esprits; mais que celle de 1848 est arrivée après dix-huit ans d'un règne où la paix de l'Europe, la tranquillité de la France, les progrès toujours croissants de sa prospérité et de sa richesse, furent incontestablement l'œuvre de la haute sagesse, de la profonde habileté du roi. Il n'en avait point été ainsi sous le règne précédent, qui fut une suite presque continuelle de fautes politiques et gouvernementales. Tout cela prouve que les peuples, dans leur colère, ne tiennent nul compte du bien qu'on leur a fait, dès qu'ils croient avoir un motif sérieux de se plaindre, et qu'on n'est jamais certain que de leur ingratitude!

Au mois de Février 1848, une partie notable de la bourgeoisie était, à la vérité, à la tête des banquets réformistes; mais dès l'instant où le ministère de la résistance fut renversé, où la cause de la réforme parut gagnée, les hommes honorables qui l'avaient embrassée se tinrent pour contents, et se retirèrent de la lutte légale et pacifique qu'ils avaient voulu organiser, sans prévoir, nul n'en peut douter, les funestes conséquences qu'elle devait entraîner.

Les anarchistes restèrent donc seuls à la tête de la multitude, qui, dans une grande ville comme

Paris, renferme tant d'éléments impurs. Ce noyau considérable, grossi par les affiliés des sociétés secrètes, par les conspirateurs embrigadés, se recruta facilement d'ouvriers honnêtes, distraits de leurs ateliers par l'émotion des jours précédents.

Le mouvement populaire de 1848 ne se composait donc pas du même personnel que celui de 1830. Au cri conservateur de *Vive la Charte!* poussé par le plus humble prolétaire d'alors, avait succédé le cri évidemment révolutionnaire de *Vive la réforme!* à la fois proféré par les blouses et par les habits. Or, ceux-ci n'étant plus là pour diriger le mouvement, pour lui conserver le caractère régulier dans lequel il avait été conçu, il devenait évident que le flot populaire se grossirait fatalement en une tempête, au premier souffle qui viendrait l'agiter.

Le coup de pistolet tiré sur la troupe, au boulevard des Capucines, après les provocations et les outrages auxquels elle était restée impassible, appela une de ces regrettables représailles que la sollicitude la plus active ne peut arrêter. Les excitateurs la transformèrent aisément en une barbare agression. Les cadavres des victimes furent promenés la nuit, aux flambeaux, à travers les rues de Paris, dans des tombereaux qu'une odieuse prévoyance avait préparés à cet effet; et ce douloureux spectacle, habilement exploité, fit naître dans l'âme des ouvriers les plus paisibles, qu'on égarait par des récits mensongers, des sentiments de fureur et de vengeance extrêmes.

Je ne prétends nullement rendre ces ouvriers honnêtes responsables des crimes que les masses populaires commirent pendant ces funestes journées ; mais on ne saurait méconnaître qu'en devenant les auxiliaires, ou tout au moins les spectateurs des hommes qui se livrèrent au meurtre, au pillage, à la dévastation, à l'incendie, ils laissèrent un libre essor à leur sauvage fureur, et empêchèrent ainsi toute action de la force publique, qui aurait pu la rendre impuissante si ces malfaiteurs fussent restés isolés des parties saines de la population.

Depuis plusieurs années, au reste, le terrain populaire avait été préparé, avec une perfide adresse, à recevoir la semence des actes les plus hostiles à la personne du roi. Ses ennemis avaient propagé et accrédité une foule d'assertions mensongères, injurieuses pour le caractère de ce prince, et que ses malheurs permettent du moins à ses amis de démentir complétement aujourd'hui.

Le roi dédaignait, je le sais personnellement, de réfuter ces infamies. Fort de sa conscience et de sa noble vie, il comptait vainement sur le bon sens des gens de bien, sur l'estime due à ses vertus, à ses hautes qualités, pour détruire d'absurdes calomnies. Les bruits les plus stupides, quand surtout aucun démenti ne leur est donné, sont précisément ceux que le vulgaire accueille avec le plus de faveur, et qui s'accréditent le plus aisément parmi les classes inférieures. Il est donc vivement à déplorer qu'aucun soin n'ait été pris de détruire, dès leur naissance, ces germes funestes d'impopularité qui ont poussé de si profondes racines.

Le roi a souvent dit à ses familiers : « Oui, vous « me servez fidèlement ; mais point avec ce zèle, « cette chaleur qui distinguaient les serviteurs de « Napoléon. Leur dévouement à sa personne était « absolu ! »

Ces paroles se justifient par la fausse direction qu'on a laissé prendre à l'opinion publique. Il se trouve encore aujourd'hui des gens pour lesquels Louis-Philippe était un avare, au cœur sec et aride. On n'a pu contester sa tempérance, la simplicité de ses goûts, la rectitude de ses mœurs ni les vertus de sa vie de famille, parce qu'à cet égard les faits sont trop patents et trop universellement connus pour laisser la moindre prise à la calomnie. Il a paru plus facile d'attribuer la sage surveillance qu'il exerçait sur la gestion de sa fortune à l'amour de l'argent ; l'ordre et l'économie qu'il apportait aux dépenses de sa maison, à la ladrerie. Qu'est-ce, pourtant, qu'un avare qui ne thésaurise pas, et qui, malgré sa prudente réserve, dépense au delà de ses immenses revenus?

Cette accusation, dont le principe se retrouve dans quelques insinuations malveillantes produites à la tribune nationale par des membres de l'extrême gauche, a été formulée d'une manière plus directe et plus audacieuse dans les pamphlets qu'un vicomte *jacobin*, d'ailleurs fier de cette dernière qualification, a signés du pseudonyme prétentieux de TIMON.

Il y a en France un sentiment de générosité tellement général, que le reproche non mérité d'avidité, d'avarice sordide y devient une sanglante injure, et qu'il laisse dans les esprits, quand il s'accrédite, les plus fâcheuses impressions. Les masses y sont d'ailleurs très-accessibles aux préventions nées d'un premier mouvement. Il est donc facile à un homme adroit, parlant sans contradicteur aux classes populaires, qui jugent trop souvent sans réfléchir, de déconsidérer la personne la plus recommandable, en lui imputant un vice odieux.

C'est ce qu'a fait le jacobin *Timon* avec un déplorable succès dans plusieurs de ses écrits, répandus à profusion et avidement recherchés par la malignité, par la malveillance.

Dès 1832, M. de Cormenin, ne croyant sans doute pas prophétiser, avait osé adresser au roi, dans une de ses publications, l'allocution suivante :

« Sire, on dit que vous avez la simplicité d'un
« philosophe et les mœurs d'un honnête homme.

« L'ornement de votre trône, n'est-ce pas la
« vertu de la reine? Vos perles et vos diamants,
« n'est-ce pas votre jeune et charmante famille?

« Laissez à la nation ses millions d'argent. Pour
« vous, tirez votre éclat de votre modestie, votre
« gloire de sa puissance, et votre force de sa liberté.

« Sire, si l'un de ces coups de tonnerre qui écla-
« tent dans les sombres nuées des tempêtes politi-
« ques vous précipitait du trône, il serait beau pour
« vous d'en descendre comme vous y êtes monté,
« sans avoir rien coûté à votre pays! »

Louis-Philippe a été au delà même des vœux et des conseils de *Timon*, puisqu'au lieu de thésauriser, il est descendu du trône en laissant 33 millions de dettes, contractées toutes pour la splendeur de la France.

La popularité du roi était trop grande encore, en 1832, pour qu'on pût l'attaquer autrement que de loin, et à l'aide d'adroites insinuations. Plus tard, en 1837, le pamphlétaire devint plus explicite, plus audacieux. Voici en quels termes il établissait le budget de la royauté de Juillet, et sa situation financière :

« Excédant annuel du revenu sur les dépenses, « quinze millions, qui, pour six ans et demi, don- « nent 97,500,000 fr.

« Tout cet argent est encoffré dans des tonnes, « en bons écus, parfaitement ronds, bien sonnants « et bien pesants. »

Jamais affirmations ne furent à la fois plus mensongères et plus perfides. A ce compte, l'examen attentif de la comptabilité, parfaitement régulière, de la liste civile et du domaine privé, dont tous les registres, tous les éléments justificatifs sont tombés entre les mains des agents du gouvernement provisoire, aurait dû faire ressortir, pour toute la durée du règne depuis 1830, l'énorme boni de 262,500,000 fr., indépendamment des 9 millions de *trop-perçus* reprochés au roi pendant les premiers dix-huit mois de son règne. Cette somme considérable se serait retrouvée, soit en *bons écus, parfaitement ronds et bien pesants, encoffrés dans des tonnes*, soit en valeurs de portefeuille, soit en titres de fonds placés à l'étranger, ainsi qu'on ne s'est pas fait faute de le dire.

Je donnerai ultérieurement, dans un ouvrage spécial, le résumé exact, et non point erroné comme celui qu'ont publié les journaux, de toutes les dépenses de la maison royale pendant les dix-sept ans et demi du règne. Ce sera le démenti le plus complet, le plus accablant pour les calomniateurs, de tous ces infâmes mensonges qui imputent au roi un vice profondément contraire à ses goûts de dépenses, parfois peu modérés au contraire; allégations hautement contredites, au reste, par les nombreux bienfaits qu'il a répandus, par la magnificence de son état de maison et par le luxe de bon goût de ses fêtes, où l'on invitait souvent jusqu'à quatre mille personnes.

Je me contente de répéter ici qu'au lieu d'un *boni*, la balance des recettes et des dépenses constate un *déficit* de 33 millions, dont le domaine privé s'est trouvé grevé. On sait aussi que le roi a quitté les Tuileries sans emporter aucune somme quelconque, et que, sans les secours puisés en route dans quelques bourses d'amis dévoués, il lui eût été impossible de poursuivre son chemin.

Quant aux fonds placés à l'étranger, qu'on lise à cet égard la lettre publiée en novembre 1849, en pleine connaissance de cause, par M. le représentant du peuple Vavin, nommé, dès le 12 mars 1848, liquidateur de la liste civile et du domaine privé par le gouvernement provisoire. Elle est d'autant moins suspecte d'inexactitude que M. Vavin, ancien notaire dont la véracité ne peut être mise en doute, a montré assez de rigidité dans l'accomplissement de son mandat pour qu'on ait été forcé de réclamer plusieurs fois, et avec de vives instances, la remise du linge de corps de la reine, avant de l'obtenir. J'ai vu moi-même M. le baron Fain et M. le comte de Montalivet faire antichambre chez M. Vavin, pour solliciter cette délivrance.

Voici le texte de la lettre dont je viens de parler :

« Je crois devoir à la vérité de dire que toutes
« les valeurs qui appartenaient au roi Louis-Phi-
« lippe sont restées en France, et sont demeurées
« le gage de ses créanciers.

« Il a été dit, dans la discussion relative au douaire
« de madame la duchesse d'Orléans, que ce douaire
« avait été affecté sur un capital de *douze millions*,
« dû au roi Louis-Philippe par la maison Golds-
« mith, de Londres; c'est là une erreur évidente.

« Il résulte en effet de renseignements tout à
« fait dignes de foi, qu'en 1814, Louis-Philippe,
« alors duc d'Orléans, avait chez MM. Coutts un
« fonds de 500,000 fr. environ, sur lequel, lors de
« sa visite à la reine Victoria, il préleva 300,000 fr.
« pour les frais de son voyage, qui avaient excédé
« ses prévisions; et que quand, plus tard, après la
« révolution de février, il aborda en Angleterre, il y
« trouva le surplus de ce capital, avec lequel il put
« subvenir à ses dépenses et à celles de sa famille.

« Voilà le seul capital que le roi ait possédé en
« Angleterre. Les comptes de la liste civile et du
« domaine privé, que j'ai dû examiner presque im-

« médiatement après la révolution de février, *ne
« constatent aucune sortie de fonds, et établissent au
« contraire l'existence de dettes considérables.* »

Ainsi donc, il est parfaitement démontré que si le roi Louis-Philippe a maintenu, dans l'administration de sa fortune, les habitudes d'ordre et de régularité qu'y avait introduites le duc d'Orléans, il n'en a pas moins été entraîné par ses largesses à des dépenses qui ont excédé de beaucoup ses revenus, d'ailleurs très-considérables. Quand on aura vu, par le détail que j'en donnerai plus loin, la direction donnée à quelques-unes de ces dépenses, et la part notable qu'y ont prise les actes de bienfaisance et de générosité, il deviendra évident pour tous que jamais prince ne mérita moins le reproche par lequel on s'est efforcé de ternir son noble caractère.

Et pourtant, rien n'est plus certain, ses calomniateurs ont réussi dans leurs détestables menées. Malgré le soin et la recherche avec lesquels il était pourvu à l'entretien des résidences royales et de leur riche mobilier, malgré le nombreux personnel employé à ce service, le luxe et la bonne tenue des équipages, la somptuosité des festins, l'éclat des fêtes, l'absence totale de parcimonie dans les dépenses considérables qui en étaient l'inévitable conséquence, et qui devaient frapper les yeux de tous, on accueillait encore favorablement des imputations mensongères, qu'il eût été du devoir de tant de personnes éminentes bien informées, et bien placées pour le faire, de démentir hautement!

Telle est, à mon avis, la cause *principale* et peut-être *unique* de l'acharnement montré, par la population de Paris, contre un prince qui réunissait pourtant toutes les qualités sur lesquelles se fonde ordinairement la popularité. Les trop nombreux attentats dirigés contre sa personne, et dont quelques-uns ont paru être étrangers à l'action des sociétés secrètes, montraient déjà jusqu'à quel point les efforts de ses détracteurs avaient été couronnés de succès. Après avoir chargé les armes des assassins, leurs calomnies ont allumé la torche des incendiaires, excité la cupidité des pillards et l'aveugle furie des simples dévastateurs.

Honte à ces écrivains qui, dans un intérêt coupable d'ambition déçue ou d'infernale méchanceté, ont soulevé la tempête populaire, au risque de tous les désordres, de toutes les ruines qu'elle devait infailliblement produire! Plusieurs d'entre eux ont recueilli les fruits de leur détestable victoire; au milieu de ce grand naufrage de la monarchie et de la société, ils ont su se ménager de belles positions, de hautes influences, et surtout de gros traitements.

Mais le jour de l'inflexible justice viendra inévitablement pour eux : si l'instabilité des choses humaines amène un peu plus tard, comme il faut y compter, la chute de leur puissance, l'opinion publique, je l'espère du moins, n'aura pas attendu ce moment pour leur infliger les stigmates de son mépris.

II [1].

Point de combats, point de victoire.— Résistance partielle.— Massacre des gardes municipaux désarmés. — Poste du Château-d'Eau.

Selon l'Académie, on entend par *victoire* « l'avantage qu'on remporte à la guerre sur les ennemis, dans une bataille, un combat. »

Je tiens à établir qu'il n'y a eu, qu'il ne pouvait y avoir, dans la situation où étaient les choses, ni batailles ni combats réels en février 1848; que, par conséquent, l'élément indispensable d'une victoire faisant défaut, ceux qui ont tué ou massacré des gens inoffensifs et quelques malheureux soldats, dans ces troubles civils dont ils étaient les seuls instigateurs, n'ont aucun droit au titre glorieux de *vainqueurs* qu'ils se sont indûment décerné.

Pour qu'il y eût bataille ou combat, il faudrait que l'insurrection eût rencontré quelque part une

---

[1] Ce chapitre, et diverses appréciations politiques rentrant au reste parfaitement dans mes opinions, sont plus particulièrement l'œuvre de M. H....., écrivain militaire, dont la collaboration m'est venue en aide.

véritable résistance armée ; que les forces considérables dont le gouvernement disposait à Paris eussent agi hostilement contre elle ; qu'on eût pris l'offensive contre ses groupes, comme en 1830, en 1832, en juin 1848. Dans les faits qui se sont passés en février, l'on voit bien, sur un très-petit nombre de points, quelques postes isolés défendre leur vie menacée ; repousser, quand ils ne peuvent plus faire autrement, la force par la force : mais le plus souvent les troupes se retirent des positions qu'elles occupaient, rentrent dans leurs quartiers, ou subissent sans résistance l'affront du désarmement. Qu'avez-vous donc vaincu, *vainqueurs* de février?

Il ne pouvait pas y avoir de combats, parce que Louis-Philippe avait défendu qu'on commît aucun acte d'hostilité contre le peuple. En donnant cet ordre, que l'histoire doit précieusement recueillir, le roi a sans doute compromis sa cause; mais il a été mû par ce sentiment honorable, qu'elle ne devait pas triompher au prix d'une seule goutte de sang français.

La garde nationale, quand on battit le rappel, n'était pas venue au secours de la monarchie menacée. Cette monarchie était pourtant celle qu'elle avait acclamée en 1830, et avec laquelle tous ses intérêts étaient identifiés depuis dix-huit ans. Par la plus étonnante inconséquence, elle l'abandonne inopinément aux sévices d'une poignée de factieux, de ces conspirateurs qu'elle avait combattus courageusement à toutes les époques antérieures, commettant ainsi, pour me servir d'une pensée éminemment caractéristique, exprimée par le roi, « le « plus grand suicide dont parlera l'histoire ! »

Louis-Philippe ignorait assurément que son ministère seul avait beaucoup d'ennemis, et que ses ennemis personnels étaient au contraire en fort petit nombre. Il eut foi en la parole des hommes auxquels la révolte du peuple l'avait contraint de remettre le pouvoir; et ces hommes, en entrant dans son conseil, lui déclarèrent qu'*ils répondaient du calme populaire et du rétablissement de l'ordre,* dès l'instant où l'abdication serait signée. C'est sur cette assurance que le roi, dans sa loyauté, au lieu de concentrer ses forces comme il aurait pu le faire, de se retirer avec elles sur Saint-Cloud ou sur Versailles, et d'y attendre que les bons citoyens reconnussent leur erreur, signa sans hésiter cet acte de renonciation personnelle à la couronne, qu'il croyait, d'ailleurs, affermir sur la tête de son petit-fils le comte de Paris.

Cette noble conduite d'un prince, qui a toujours mis les intérêts nationaux au-dessus des siens, a été indignement travestie. On a voulu y voir un acte de faiblesse, de lâcheté même, a-t-on osé dire; accusations que démentaient sa vie entière, le courage et l'intrépidité dont il a toujours fait preuve en présence des plus grands périls. Ces reproches calomnieux se sont étendus jusqu'aux princes ses fils, dont les vaillantes poitrines ont si souvent affronté les balles arabes. Triste erreur des uns, mensonge odieux des autres! On a méconnu, cette fois encore, les plus louables sentiments, l'abnégation la plus touchante!

Quels que fussent, d'ailleurs, leurs sentiments personnels sur cet acte généreux de renoncement, que tous n'ont point approuvé, les partisans dévoués du roi, ses véritables amis, les amis de la sage liberté qui garantissait la sécurité des citoyens et le maintien des institutions sociales sous l'abri tutélaire de la monarchie de Juillet, l'ont accueilli avec respect. Louis-Philippe a dû croire, puisqu'on le lui affirmait mensongèrement, que c'était le seul moyen de sauver la France.

Mais on ne saurait avoir la même déférence pour la conduite des hommes investis par S. M. d'une autorité administrative ou d'un commandement supérieur, et qui ne montrèrent, dans ces tristes journées, ni la prévoyance que leur imposait la haute mission qu'ils avaient acceptée, ni la fermeté qu'on devait attendre d'eux. Rien ne les dispensait, par exemple, de faire exécuter les lois, d'exhorter les bons citoyens à se retirer, de faire disperser par la force s'il était nécessaire, et après les sommations légales, les factieux et les malfaiteurs, d'assurer enfin *force à la loi*, tout en ménageant la population honnête.

S'ils eussent agi ainsi, il y aurait peut-être eu alors quelques combats partiels : mais la victoire eût été pour la bonne cause, et le nom de *vainqueurs de février*, attribué à ses défenseurs, trouverait du moins sa juste application.

Pourquoi, par exemple, la police ne s'est-elle

pas emparée des chefs des sociétés secrètes, dont elle connaissait si parfaitement, par M. de la Hodde, le petit nombre, les noms, les menées et les lieux de réunion? Sans la direction qu'ils ont donnée au mouvement populaire, celui-ci aurait-il eu ses fatales conséquences? Tout n'était-il pas fini, en apparence du moins, au moment où la nouvelle du changement de ministère répandait la joie et la confiance dans une portion notable de la population de Paris? Les illuminations qui surgirent spontanément sur tous les points n'annonçaient-elles pas une satisfaction générale, dont il eût été habile de consolider les effets?

Pourquoi, le lendemain 24, après les barricades qu'on avait laissé construire pendant la nuit par des gens qui, eux, ne s'étaient pas endormis, et dont on devait connaître les moindres actions, alors que le danger était devenu plus imminent; pourquoi, dis-je, l'inviolabilité de la chambre des députés ne fut-elle pas assurée? Pourquoi les *trois mille* hommes qui devaient y pourvoir laissèrent-ils passer les *trois cents* émeutiers par lesquels elle fut assaillie? Pourquoi un petit nombre de factieux, dont la minorité dans cette chambre rend le succès plus incompréhensible, ont-ils imposé à l'immense majorité de l'assemblée, qui voulait la régence, et à l'immense majorité des citoyens de Paris et de la France entière, qui l'auraient acceptée avec joie et empressement, une forme de gouvernement, la terreur de tous, et que ses promoteurs les plus ardents eux-mêmes, dans leurs corciliabules de la veille et du matin, hésitaient à proposer, tant ils la croyaient, à juste titre, antipathique au pays?

Voilà de ces mystères sur lesquels devra s'exercer la sagacité de l'historien. Quant à moi, je n'hésite pas à déclarer que personne, dans ces tristes journées, n'a *complétement* fait son devoir, sauf les conspirateurs; que les dépositaires du pouvoir y ont failli, que la police a été inhabile, les chefs militaires imprévoyants et manquant d'énergie. Tout en respectant les intentions du roi, tout en évitant de faire couler sans nécessité le sang du peuple, on aurait pu s'emparer d'un très-petit nombre de meneurs bien connus, faire un appel efficace aux bons citoyens, et déjouer les machinations des mauvais; empêcher le désarmement des troupes et leur massacre, qui s'en est suivi; assurer l'intégrité de l'enceinte de la chambre des députés et la sécurité de ses délibérations; faire proclamer la régence dès l'instant où l'abdication du roi était un fait accompli; sauver enfin la France en même temps que la monarchie, au lieu de se laisser opprimer par une poignée de révolutionnaires ambitieux, dont les noms étaient enregistrés à la police.

Je maintiens aussi que cette révolution, *qu'on a laissé faire*, n'a excité aucune lutte sérieuse; car, s'il y avait eu résistance efficace, elle ne se serait pas accomplie.

Ce serait aux prétendus vainqueurs à nous citer les noms de leurs héros, à nous produire l'état authentique de leurs morts, de leurs blessés. Mais qu'on ne l'oublie pas, lorsqu'il s'est agi de distribuer à ces *victimes*, ou à leurs familles, des *récompenses nationales*, qui a-t-on vu figurer sur les listes? Des noms de malfaiteurs pour la plupart, dans lesquels se trouvaient mêlés ceux de la maîtresse de Fieschi, de la veuve et du gendre de Pepin. Les véritables victimes ne se sont trouvées que dans les rangs de l'armée, et surtout de cette brave garde municipale si indignement massacrée. L'assemblée constituante elle-même a dû se refuser à consacrer, par son vote, de mensongères réclamations.

Je me dispenserais de toute démonstration à ce sujet, s'il ne me semblait essentiel de flétrir, en les consignant ici avec leur véritable qualification, les hauts faits de ces fondateurs de la république, qui se sont conduits comme de véritables Bédouins envers nos braves soldats; d'imprimer sur leurs fronts les stigmates de la honte pour la férocité dont ils ont fait preuve, et en même temps d'établir qu'il eût été facile, en déployant partout l'énergie que la troupe a montrée sur deux points seulement, lorsqu'elle y vendait chèrement sa vie, de triompher de cette multitude informe.

On sait assez quelle répugnance les troupes régulières ont eue de tous temps pour la guerre des rues, que le grand Condé, par une expression plus que familière, mais très-caractéristique, et que je ne crains pas de répéter après lui, appelait la *guerre des pots de chambre*. Elle est devenue, depuis lors, la guerre des coups de fusil tirés à coup sûr, par des hommes embusqués, sur des soldats à découvert, et qui peuvent rarement y répondre. Si nos régiments se sont bravement comportés, à diverses époques, dans ces luttes désavantageuses, ce n'est pas seulement par l'effet d'une ardeur intrépide : c'est aussi, et surtout, parce qu'ils y marchaient avec le concours de la garde nationale, qui est pour eux le symbole de l'ordre dans la cité, et que, dès lors, les révoltés n'étaient plus à leurs yeux que les ennemis de cet ordre légal, que de véritables malfaiteurs. Je citerai, à l'appui de ce que j'avance, une conversation dont je puis garantir l'authenticité, et qui eut lieu le lundi, 21 février, à l'hôtel de la préfecture d'une de nos plus importantes villes de garnison.

A la suite d'un grand dîner, le préfet s'approcha d'un groupe où se trouvait le colonel H....., et annonça qu'il venait de recevoir de bonnes nouvelles de Paris; qu'on avait renoncé au banquet; mais que pourtant, si les chefs de l'opposition se ravisaient, le lieu choisi par eux, les Champs-Élysées, offrait toutes les facilités nécessaires pour assurer le triomphe de la bonne cause ; et, ajouta ce magistrat, *j'espère bien que la troupe ferait son devoir!*

« — N'en doutez pas, monsieur le préfet, dit le
« colonel H..... Je me suis trouvé à toutes les
« émeutes de Paris depuis 1830, et j'ai toujours
« vu le soldat s'y conduire admirablement, dès
« l'instant où il savait que la garde nationale mar-
« chait avec lui. — Mais, colonel, reprit le préfet,
« savez-vous que vous n'êtes guère rassurant ! Non-

« seulement nous ne sommes pas sûrs de la garde
« nationale, mais nous craignons même de l'avoir
« contre nous. — Diable! repartit l'officier supé-
« rieur, ceci change la thèse. Si vous n'avez per-
« sonne pour vous, il faut donner la réforme, et
« plutôt aujourd'hui que demain! »

La garde nationale, en effet, voulait aussi la réforme, à une très-grande majorité; et les rares bataillons qu'on put réunir les 22 et 23 février s'exprimaient nettement à cet égard. Il semble donc qu'il eût été sage, dans une telle situation, de faire un choix attentif dans chaque légion; de ne mettre en contact avec la troupe de ligne que les gardes nationaux dont le dévouement à la monarchie serait certain; d'employer les autres sur des points où leur intervention, acquise d'ailleurs au maintien de l'ordre municipal, n'eût offert aucun danger politique; enfin, de licencier et de désarmer au besoin les compagnies, bataillons ou légions dont le mauvais esprit politique était manifeste.

Pour faire tout cela, il fallait sans doute croire, en temps utile, au péril réel qui allait se révéler à tous les yeux, trois jours plus tard, d'une manière si désespérante, et que le gouvernement du roi paraît avoir ignoré ou méprisé. Il fallait le conjurer ou le paralyser par des mesures promptes et énergiques. Comment ce gouvernement, qui avait pour lui la légalité et la possession du pouvoir, n'aurait-il pu y réussir, quand on voit *cinq* ou *six cents* conspirateurs de bas étage se procurer des armes, au dernier moment, en pillant les boutiques d'armuriers, ou en désarmant les gardes nationaux à domicile ?

L'autorité disposait, à Paris, d'une force d'élite dont l'énergie et la fidélité à ses devoirs ne s'est pas démentie un seul instant. La garde municipale, par son institution, par les excellents éléments dont elle était formée, par la nature de ses attributions enfin, formait la troupe dont le contact avec la population offrait le moins de danger. Les émeutiers crient toujours : *Vive la ligne!* quelquefois, *Vive la garde nationale!* ils n'ont jamais crié : *Vivent les municipaux!* C'est qu'ils savaient que ces soldats-magistrats, qui avaient le droit de verbaliser, n'étaient pas accessibles aux cajoleries, aux séductions de la populace, et ne pactiseraient jamais avec eux.

Il eût donc été logique d'employer la garde municipale sur les points où l'on ne pourrait obtenir que la garde nationale concourût, avec la troupe de ligne, au maintien ou au rétablissement de la tranquillité. Six ou sept cents hommes de cette garde fidèle furent enfermés, sans utilité aucune, à la préfecture de police, où tous les régiments de la garnison auraient pu rendre les mêmes services qu'elle; d'autres furent placés à l'Hôtel de Ville, que la garde nationale aurait bien mieux préservé, alors même qu'on y aurait appelé des soldats-citoyens partisans de la *réforme*, mais non pas de l'*émeute*, bien entendu. Le reste des deux mille cinq cents hommes de la garde municipale fut éparpillé, par petits postes, sur des points où son action isolée ne pouvait avoir d'efficacité; tandis qu'en concentrant une force aussi considérable et d'aussi grande valeur, en l'affectant, par exemple, à la garde des Tuileries et du palais de l'assemblée, on eût été certain de n'avoir à y redouter ni mollesse ni indécision.

Jetons un rapide coup d'œil sur les faits militaires qui se sont accomplis dans ces tristes événements, afin de voir quel y a été, en réalité, le rôle de la force publique.

J'ai éprouvé quelque embarras dans le choix des sources où je devais puiser. Aucun rapport officiel, que je sache, n'a été fait sur les actes des troupes : les chefs de corps n'auraient pu les transmettre aux pouvoirs du lendemain, dont ils avaient été les adversaires la veille!

Le seul récit digne de confiance est celui qu'a publié le *Journal de la Gendarmerie*, dans plusieurs de ses numéros de juin et de juillet 1850, sous le titre de : « *La garde municipale pendant les journées de février.* » Ces articles ont presque le caractère de rapports de service. Les noms des officiers, sous-officiers et gardes y sont cités; les faits y présentent un grand caractère de vraisemblance et d'exactitude, et n'ont reçu aucun démenti. J'y prendrai quelques-uns des détails que je vais réunir dans une rapide narration, tout en lui laissant la responsabilité des emprunts que je pourrai lui faire.

Dans la journée du 22 février, plusieurs faibles postes isolés, occupés par de la troupe de ligne, furent attaqués et désarmés; on dévalisa des boutiques d'armuriers, on désarma quelques gardes nationaux *à domicile*. Ces désordres restèrent impunis : la garde nationale ne répondit pas au rappel.

Elle se rassembla néanmoins le 23 au matin, en assez grand nombre, et beaucoup de compagnies manifestèrent de mauvaises dispositions. Il était encore temps d'y faire un choix, de prendre des mesures efficaces. On ne s'en est point préoccupé.

A dix heures du matin, M. le maréchal Bugeaud parcourut à cheval la ligne des boulevards. A midi, il visita les postes. On fit occuper la place de la Bastille et le marché des Innocents par des troupes et par de l'artillerie.

Un régiment de cavalerie avait envoyé de fortes patrouilles sur les boulevards. L'une d'elles voulait pénétrer dans la rue Lepelletier, dont l'entrée lui fut refusée par M. le chef de bataillon de la Borde, à la tête d'un détachement de la 2e légion : cet acte inouï ne fut pas vigoureusement réprimé.

Vers deux heures, un bataillon du 34e de ligne, formé sur la place du Châtelet, fut accueilli par une fusillade partant des rues voisines et des fenêtres de quelques maisons. Plusieurs soldats tombèrent : une balle vint mortellement frapper le commandant Saint-Hilaire, officier d'une grande espérance, très-aimé de ses camarades et de ses soldats. Ceux-ci ripostèrent alors, mais par quelques coups seulement. L'assassin de M. Saint-Hilaire était sorti des groupes, et l'avait ajusté froidement. Il eut le temps de se retirer sans être atteint par le feu de la troupe.

Vers neuf heures du soir, un bataillon du 14ᵉ de ligne, posté sur le boulevard, devant l'hôtel du ministère des affaires étrangères, fut assailli par une foule tumultueuse précédée de torches. Les soldats ne bougeaient pas. La foule se rua sur eux : ils présentèrent la baïonnette. Enfin, un coup de pistolet fut tiré des rangs du peuple; et parut le prélude d'une attaque sanglante.

« En face d'un rassemblement considérable qui,
« après les insultes, en venait à l'emploi des ar-
« mes, dit M. de la Hodde dans sa brochure, les
« soldats se crurent sérieusement menacés; les plus
« impatients tirèrent sans ordre, les autres crurent
« l'ordre donné, et la fusillade devint générale. »

Voilà l'historique de cette décharge funeste, qui fit malheureusement un trop grand nombre de victimes, et dont les chefs de l'émeute, après l'avoir atrocement provoquée, tirèrent un si habile parti. Les deux tombereaux, miraculeusement trouvés en face du *National*, reçurent les cadavres des personnes tuées; et j'ai déjà dit combien leur exhibition, dans les quartiers populeux, excita d'exaspération.

Si la vérité eût été connue, tout l'odieux de ces meurtres à jamais déplorables serait retombé sur les provocateurs, et non sur les soldats provoqués, fusillés, décimés dès le matin, et qui n'avaient agi qu'en légitime défense.

Des faits d'une nature incroyable, s'ils n'étaient

racontés par le *Journal de la Gendarmerie*, se passèrent, le 24 février, sur la place de la Concorde, à l'Hôtel de Ville et à la préfecture de police; j'en résume ici, aussi brièvement que possible, les importants détails, qui n'ont encore reçu aucune autre publicité que celle de ce recueil, peu répandu.

Le petit corps de garde situé à l'entrée de l'avenue Gabrielle, vis-à-vis la rue des Champs-Élysées, était occupé, depuis trois jours, par vingt-huit hommes d'infanterie de la garde municipale. Le 24 février, il était commandé par un sous-officier énergique, nommé Fouquet. Six escadrons de cuirassiers, appartenant aux 2e et 6e régiments, stationnaient sur la place de la Concorde, où se trouvait aussi un capitaine d'état-major.

Vers huit heures, le maréchal des logis Fouquet prévint cet officier et le capitaine commandant l'escadron le plus rapproché, qu'un rassemblement nombreux, *précédé d'un officier d'état-major, et suivi d'un régiment de ligne marchant la crosse en l'air,* se dirigeait vers le faubourg du Roule. On promit de lui prêter main-forte au besoin.

A dix heures un quart, quatre à cinq cents individus armés de fusils, de sabres, de piques, débouchent sur la place par la rue Royale, et, malgré les efforts *d'un officier général et de son aide de camp, marchant à leur tête,* se dirigent vers le poste de garde municipale, qui prit les armes aussitôt. Cette troupe tumultueuse était suivie d'un détachement de chasseurs d'Orléans et d'une centaine de gardes nationaux.

Le maréchal des logis Fouquet est sommé de faire rendre les armes à sa troupe. Il réclame alors l'assistance d'un escadron de cuirassiers qui lui avait été promise, et personne ne lui répond.

Le poste immobile attendait, l'arme au bras, lorsqu'un coup de pistolet, tiré des rangs du peuple, atteint un garde; un coup de fusil en blesse légèrement un autre; un troisième est frappé d'un coup de pique auquel il riposte par un coup de feu, bientôt suivi d'une décharge faite en l'air, qui met en fuite les assaillants, et leur fait chercher un refuge derrière les gardes nationaux et les chasseurs d'Orléans.

A ce moment l'aide de camp donna l'ordre au maréchal des logis de faire rentrer ses hommes dans le corps de garde, où, bientôt après, ils furent assaillis par la foule enhardie, qui brisa les grilles, enfonça les ouvertures, et fit à bout portant, sur des hommes hors d'état de se défendre, une décharge qui tua un brigadier, deux gardes, et en blessa plusieurs autres.

Ces braves tentèrent alors une sortie vigoureuse. Mais que pouvait faire une poignée d'hommes contre cette multitude furieuse? Le brigadier Clément est criblé de dix-sept blessures, dont trois coups de sabre sur la tête qui lui dépouillent le crâne; le garde Hédé est grièvement blessé à la tête d'un coup de hache; le garde Vermont reçoit quatre blessures.

Ces malheureux cherchent un refuge dans les rangs des chasseurs à pied et de la garde nationale, *qui les repoussent* en leur criant *qu'ils vont les faire tuer*. Plusieurs obtiennent un asile et des secours à l'hôtel de l'ambassade ottomane et au ministère de la marine.

Le maréchal des logis Fouquet n'avait trouvé de refuge que sous le ventre des chevaux des cuirassiers. Il cherche à gagner les Tuileries. A peine fut-il à l'obélisque, que des cris de mort se firent entendre. « Quatre individus, dont l'un parfaitement vêtu, « s'étaient plus particulièrement attachés à sa pour- « suite, et paraissaient au moment de l'atteindre.

« Fouquet parvient enfin, tout haletant, jusqu'à « la grille du Pont-Tournant, derrière laquelle se « tenait en bataille un peloton d'infanterie de ligne. « — Ne bougez pas, et ne craignez rien, — lui crie « le capitaine de cette troupe. Et il commande à « l'instant même un feu de peloton, sous lequel « tombent à la fois les quatre hommes qui le pour- « suivaient, l'un ayant l'épaule brisée, les trois au- « tres morts instantanément. Le député Jollivet « était au nombre de ces derniers. »

Des vingt-huit gardes du poste, quatre avaient été tués; vingt-trois criblés de blessures; un seul, ayant ôté sa capote et s'étant jeté dans la foule sans être reconnu, en était sorti sain et sauf.

M. Chenu raconte les faits dans ce peu de mots, d'une énergique concision :

« Tout était fini, et le peuple souverain, *qui avait* « *gagné la bataille sans coup férir*, mais à qui la « main démangeait, trouvant aux Champs-Élysées « un poste de gardes municipaux qui ne songeaient

« à aucune résistance, les égorgeait froidement à « trois pas, en poussant des éclats de rire féroces. »

J'ai cité avec quelques détails le récit de ces scènes lugubres, pour faire voir comment les affaires militaires ont été abandonnées au hasard des événements. Quels résultats différents n'auraient pas été atteints, si les chefs militaires, au lieu de faire mettre aux troupes la crosse en l'air, au lieu de concourir au désarmement des soldats, avaient montré la même énergie que le brave capitaine du poste du Pont-Tournant !

Il est à craindre, toutefois, que le moyen employé pour soustraire le maréchal des logis Fouquet à un danger qui paraissait pressant, n'ait entraîné une déplorable erreur. Le corps de l'infortuné M. Jollivet, député appartenant à la majorité de la Chambre, a été retrouvé, en effet, enterré dans le sable, près du Pont-Tournant, avec ceux de deux autres individus, comme lui percés de balles. Or, M. Jollivet n'était certes pas un émeutier, ni homme à poursuivre un sous-officier blessé, pour l'achever. Il est plutôt à présumer qu'il cherchait, comme celui-ci, à fuir un danger commun en gagnant les Tuileries.

A la même heure, un semblable péril menaçait un détachement de soixante hommes à cheval de la garde municipale, placé à l'Hôtel de Ville, sous les ordres du général Talandier. Le capitaine Morlay, qui le commandait, reçut du général Duhaut, dont les troupes occupaient la place de la Bastille, l'avis qu'une colonne de gardes nationaux, tambours en tête, suivie d'une foule considérable d'insurgés armés, se dirigeait sur l'Hôtel de Ville.

« Cet avis, aussitôt transmis par le capitaine au
« général Sébastiani, commandant la 1re division
« militaire, qui se trouvait alors dans les apparte-
« ments du préfet de la Seine, où il se mettait en
« devoir de déjeuner, ne parut produire aucune
« impression sur cet officier général, qui ne donna
« point d'ordre pour prévenir les conséquences de
« l'invasion dont l'imminence était signalée. »

Deux régiments, le 7e léger et le 34e de ligne, un escadron de cuirassiers et quelques pièces d'artillerie, occupaient la place et les quais au moment où, vingt minutes après, arriva la colonne signalée, la garde nationale marchant aussi la *crosse en l'air*.

« Le général Sébastiani était descendu sur la
« place, entouré de son état-major ; mais aucun
« ordre ne fut donné aux troupes ni aux gardes
« nationaux, et la colonne n'éprouva aucune diffi-
« culté à se répandre sur la place, qui, en quel-
« ques instants, fut envahie par une multitude
« formidable. »

Les troupes, restées sans ordres des généraux qui se trouvaient pourtant sur le terrain, et n'osant pas agir de leur chef, regagnèrent leurs quartiers, après mille peines pour éviter une sanglante collision. Le peloton de garde municipale, contre lequel des cris de mort étaient poussés, n'eut d'autre voie de salut que d'entrer dans la cour de l'Hôtel de Ville, dont on ferma les portes, et d'où les hommes, après avoir abandonné leurs chevaux et dépouillé leurs uniformes, durent sortir isolément et revêtus de blouses, pour ne pas être massacrés par cette foule, de la pire espèce, qui envahit l'Hôtel de Ville bientôt après.

Ici, on le voit, il n'y eut pas même l'ombre d'un combat.

A la préfecture de police, les choses se passèrent d'une manière encore plus déplorable. Les troupes préposées à la garde de ce point important, de la Conciergerie et des prisons, se composaient, outre la garde municipale à pied et à cheval qu'on y avait concentrée, de deux escadrons de dragons et d'une compagnie de chasseurs d'Orléans. Vers deux heures, une colonne de garde nationale de la 10e légion, tambours en tête, déboucha du Pont-Neuf.

« Cette colonne était suivie d'un bataillon du 70^e
« de ligne, à la tête duquel s'était placé le général
« Saint-Arnaud, à cheval. L'ordre fut donné aussi-
« tôt aux différents postes de la garde municipale,
« infanterie et cavalerie, qui avaient jusqu'alors
« occupé les quais, de se replier sur l'hôtel, dont
« les cours se trouvèrent bientôt encombrées d'hom-
« mes et de chevaux. »

M. le général Saint-Arnaud venait annoncer la cessation des hostilités, et il s'aboucha avec M. Delessert pour l'exécution des mesures auxquelles il allait présider. Mais, pendant cette conférence, le bataillon du 70e, qui était resté sur le quai, fut brusquement assailli par la multitude, qu'on avait laissé approcher; plusieurs compagnies rendirent ou se laissèrent enlever leurs armes, et d'autres les déchargèrent dans la rivière. L'attitude du peuple devenait menaçante : les toits des maisons voisines se garnissaient d'hommes armés.

Quelques officiers de la garde nationale vinrent, en parlementaires, affirmer que le calme se rétablirait, si la garde municipale se laissait désarmer. Cette proposition souleva parmi ces braves soldats, qui étaient au nombre de six ou sept cents hommes, la plus douloureuse indignation.

« Jusqu'à ce moment le général Saint-Arnaud,
« muet témoin de cette scène de perplexité, qui
« pouvait d'un instant à l'autre devenir le prélude
« d'un horrible carnage, n'opposait que le silence
« aux questions multipliées que lui adressaient les
« officiers réunis autour de lui. »

Le général déclara enfin hautement que si les gardes municipaux consentaient à déposer leurs armes, il se chargeait de les conduire à Vincennes, où ils trouveraient un asile assuré.

Les efforts tentés pour faire accepter cette capitulation restèrent longtemps infructueux. « Ce fut
« seulement lorsque le colonel, prenant le com-
« mandement, fit porter les armes, qu'un silence
« douloureux suspendit un instant tant de vocifé-
« rations bruyantes. Le colonel, après avoir fait
« présenter les armes, embrassa alors le drapeau
« placé au centre du bataillon; et la vue de ce
« vieux soldat, fondant en larmes en présence de
« tant de braves réduits au désespoir, faillit en-

« core une fois amener une irruption violente
« hors de la préfecture. Dans ce moment, chacun,
« quittant brusquement son rang, ne songea plus
« qu'à mettre hors de service les armes et les mu-
« nitions qu'il se voyait forcé d'abandonner. »

La colonne, formée des gardes municipaux désarmés, la cavalerie en tête, se mit en marche, conduite par le général Saint-Arnaud, sous l'escorte des
chasseurs d'Orléans et de quelques compagnies du
70ᵉ, *portant la crosse en l'air*. C'était, à ce qu'il
paraît, la règle obligatoire pour la troupe de ligne,
tandis que les émeutiers portaient l'arme haute.
Il était facile de prévoir que cette attitude pacifique n'imposerait nullement à une multitude exas-
pérée. En vain quelques officiers de garde nationale
s'efforçaient-ils de préparer le passage; les cris
« *Voilà les assassins du peuple!* » se faisaient entendre. On commença à tirer des coups isolés sur
ces hommes sans défense. Une décharge générale,
partant de la rue Planche-Mibray, des quais, des
trottoirs, en fit tomber un certain nombre, mortellement blessés. On se dirigeait vers la place de
Grève, en escaladant les barricades qui barraient
le quai. Une fusillade formidable partit de l'Hôtel
de Ville et fit de nouvelles victimes, même parmi
la foule qui suivait ou accompagnait la colonne.
Le plus grand nombre des infortunés soldats de
l'escadron de cavalerie périt ainsi sous les coups
des assassins, qui les visaient des fenêtres de l'Hôtel de Ville sans craindre de riposte.

L'infanterie de la garde municipale, qui marchait à la suite de l'escadron de cavalerie, avertie par la fusillade dont ses camarades étaient atteints, put se soustraire à ce massacre. Les hommes à pied réussirent à se frayer isolément un passage à travers la foule encore inoffensive.

Le recueil où j'ai puisé ces horribles détails donne les noms d'un très-grand nombre des gardes municipaux de tous grades qui succombèrent ainsi, sans défense, sous les coups de barbares meurtriers. La garde municipale était désormais détruite; elle était tombée fatalement, sans avoir été mise à même de rendre aucun des services importants qu'on pouvait en attendre; et l'on voit que ce n'était pas sans motifs qu'un honorable représentant, M. de Ségur d'Aguesseau, la citait comme méritant principalement la sollicitude de l'assemblée, lorsqu'on réclama des secours pour les victimes de février.

Sur un seul point de Paris, pourtant, les massacreurs éprouvèrent quelque résistance; mais ils la firent chèrement payer aux braves qui eurent l'*audace* de défendre leur vie menacée.

Un poste de cinquante à soixante hommes du 14e de ligne, oubliés sans doute lorsqu'on fit retirer les troupes, s'était établi au corps de garde du Château-d'Eau, sur la place du Palais-Royal. Le chef de bataillon qui le commandait, ayant refusé de faire rendre les armes au peuple sans ordre, avait été *éventré à coups de baïonnettes*. Ses soldats, prévoyant le sort qui les menaçait, s'étaient mis en défense, et tentèrent d'éloigner les assaillants par quelques coups de fusil, jusqu'au moment où ils pourraient être secourus.

Cette résistance irrita les agresseurs; et l'on voit, dans l'*Histoire des Montagnards*, de M. Chenu, que l'ordre fut donné d'aller chercher deux pièces de canon à l'Hôtel de Ville, qu'on venait d'occuper, pour réduire cette poignée de braves.

Un moyen plus expéditif et plus atroce fut employé. Pour ne laisser nul doute à cet égard, je citerai textuellement les récits d'hommes qui ont concouru ou tout au moins assisté à cet acte de barbarie. Voici ce qu'on lit à cet égard dans une brochure très-répandue :

« Nous ne serions jamais venus à bout de ce
« poste, sans l'*idée* de mettre le feu aux deux flancs
« du bâtiment. Après avoir allumé des bottes de
« paille contre la porte du violon, les voitures du
« roi, la plupart attelées dans les écuries, ont été
« traînées sur le lieu de l'incendie, et, en peu de
« minutes, dix-huit voitures magnifiques établis-
« saient un foyer asphyxiant autour du poste. »

Les détails principaux de ce récit ne sont que trop exacts. Ceux relatifs aux voitures du roi ne le sont pas tout à fait, ainsi qu'on le verra dans le prochain chapitre. Il est très-vrai que quelques-unes de ces voitures ont été amenées sur la place pour alimenter le foyer de l'incendie, dont le magasin des fourrages des écuries avait fourni les premiers éléments; mais elles n'étaient plus attelées.

M. de la Hodde, dans sa narration de ce terrible drame, signale MM. Caussidière, Tisserandot-Fayolle,

Albert, Boivin et Lagrange, comme s'étant trouvés au nombre des principaux acteurs.

« Comme la résistance des soldats se prolongeait, « un insurgé eut une idée horrible. — Il faut les « griller, s'écria-t-il; allons chercher des bottes de « foin, et mettons le feu au bâtiment!

« L'exécution suivit les paroles.

« Les murs embrasés du poste formaient une « étuve, où les assiégés brûlaient tout vivants. Mort « pour mort, ceux qui conservaient quelques forces « ouvrirent la porte, et se livrèrent aux balles. Les « épargner était un devoir d'honneur aussi bien que « d'humanité : ON LES MASSACRA JUSQU'AU DERNIER.

« CINQUANTE victimes restèrent sur le carreau, « incendiées et trouées de blessures. Parmi elles, « les insurgés purent contempler quelques-uns des « leurs, amenés prisonniers la veille, et ne formant « plus qu'un charbon comme les soldats.

« Voilà ce que fut le combat du Palais-Royal, LE « SEUL DE QUELQUE IMPORTANCE pendant les cinq « jours. »

Ce haut fait d'armes fut célébré, sur tous les tons de la louange, par les journaux *la Réforme* et *le National*, dont les rédacteurs, pour la plupart, s'étaient mêlés aux *belles* actions de la journée. Il n'est pas hors de propos de rappeler qu'en 1845 ces mêmes journaux ne trouvèrent pas d'expressions assez énergiques pour flétrir l'emploi qu'avait été contraint de faire M. le colonel Pélissier d'un moyen analogue, dans le but d'obtenir la reddition des Arabes de la tribu des Ouled-Rhia, qui s'étaient renfermés dans des grottes inaccessibles, où l'on ne pouvait les laisser sans compromettre la sécurité de la colonne. Et encore faut-il remarquer qu'on ne cherchait qu'à faire capituler ces indigènes, ennemis de la France, qui tiraient sur les hommes envoyés en parlementaires sans rien vouloir entendre, et qu'on n'avait nulle intention de les faire périr.

Ici, au contraire, c'étaient des Français, des fils du peuple, sortis presque tous des rangs de ces prolétaires qu'on voulait émanciper, dit-on. Il n'y avait là ni *riches* ni *aristos*, mais seulement de braves soldats, fidèles à la consigne et jaloux de l'honneur de l'uniforme. Ils ne se fussent sans doute pas refusés à une capitulation qui aurait ménagé leurs trop justes susceptibilités, dès l'instant où l'inutilité de la résistance leur eût été démontrée. N'était-il pas facile de bloquer un simple poste de sûreté, qui ne pouvait ni sauver la monarchie, ni empêcher le triomphe de la république? Quelle nécessité pressante y avait-il d'en *venir à bout*, si l'on ne pouvait obtenir ce résultat qu'en commettant, aux noms sacrés de *la liberté* et de *la fraternité*, l'action la plus barbare et la plus atroce?

Résumons rapidement tous ces faits.

Dans les journées du 22 et du 23, les émeutiers tirent sur les officiers isolés, sur les ordonnances, sur les postes qui restaient impassibles, sur les troupes déployées pour assurer le maintien de l'ordre. Ils tuent ou blessent un assez grand nombre d'hommes sans éprouver de pertes équivalentes, car ils sont à couvert, en petit nombre, et on ne riposte presque pas. Le commandant Saint-Hilaire, du 34e de ligne, qui stationnait sur la place du Châtelet à la tête de son bataillon, est mortellement frappé.

Le 24, au matin, le poste des Champs-Élysées est fusillé à bout portant. Tous les gardes municipaux qui le composent, un seul excepté, sont tués ou blessés. Les insurgés n'éprouvent qu'une légère perte de la part de ces malheureux, qui défendaient pourtant leur vie.

Sur la place de Grève, sur le quai Pelletier, ce sont des hommes complétement désarmés que le peuple immole, au mépris d'une capitulation.

Enfin, sur la place du Palais-Royal seulement, quelques braves, attaqués par des forces relativement considérables, ont quelque chance de se défendre avec succès. On n'accepte pas même ici le combat d'une manière courageuse et loyale; c'est la torche à la main qu'on veut *venir à bout* de ces dignes soldats. Ne pouvant les vaincre, on les asphyxie, on les brûle, comme font ces brigands qui procèdent par le poison, par l'incendie, quand ils n'osent frapper leurs victimes avec le fer, de crainte d'être frappés eux-mêmes.

En bonne conscience, y a-t-il là un seul combat que l'on puisse avouer, où, comme en juillet 1830, comme en juin 1848, la résistance de l'ennemi donne à l'assaillant quelque droit de vanter son courage? Bien loin de là, je n'y vois que des actions honteuses, d'abominables meurtres, des assassinats à coup sûr : il ne s'y trouve aucun sujet de gloire, aucune victoire réelle. Je suis donc fondé à le dire : Les *vainqueurs de février* sont un véritable mythe !

Je n'ai rien à ajouter à ce que j'ai déjà dit, comme fait militaire, relativement à l'envahissement de la chambre des députés. Les généraux qui commandaient les troupes sur ce point ne se laveront jamais du reproche d'avoir laissé le passage aux bandes désordonnées, en si petit nombre, qui sont venues y faire irruption, et violenter la libre manifestation de la volonté de l'assemblée.

Confiante dans l'énergie des chefs militaires chargés de la protéger, dans celle qu'auraient dû montrer le président de la chambre et les députés eux-mêmes pour faire respecter leur indépendance, madame la duchesse d'Orléans s'était rendue dans la salle des séances avec ses deux enfants, dont l'un était devenu le roi des Français par l'acte d'abdication de Sa Majesté Louis-Philippe. M. le duc de Nemours l'avait accompagnée pour offrir sa renonciation aux fonctions de régent, qu'une loi antérieure lui avait conférées.

L'intervention insolente et audacieuse d'un petit nombre de bandits, qui n'éprouvèrent de résistance ni au dehors ni au dedans, anéantit tous ces actes, imposa la formation du gouvernement provisoire, dont ils désignèrent eux-mêmes les membres, mit en péril enfin les jours de la princesse et des princes, qui ne durent leur salut qu'au courageux dévouement de quelques cœurs généreux.

Et voilà comment, en un *tour de main*, précédé par la violence et l'assassinat, la monarchie constitutionnelle et la dynastie de 1830 furent renversées.

Triste sujet d'amères réflexions !

III.

Guet-apens de l'hôtel de Nantes. — Le crime politique. — Auto-da-fé des voitures du Roi.

J'arrive à un fait qui constitue un autre genre d'atrocité.

J'étais logé à l'hôtel des Écuries du roi, rue Saint-Thomas du Louvre. Rien de ce qui s'est passé dans cet établissement, sur les places du Palais-Royal, du Carrousel, aux Tuileries même, pendant les fatales journées et les cruelles nuits de février, ne m'est donc resté étranger.

A M. le marquis de Strada, qui pendant dix-sept ans avait commandé les écuries du roi, venait de succéder M. le général comte de Chabannes, aide de camp de S. M.

Dès le matin du 24, tout le monde fut consigné à l'hôtel, et M. le comte de Chabannes se rendit aux Tuileries, pour de là nous faire parvenir ses ordres.

Vers dix heures, l'écuyer commandant prescrivit de faire disposer et de tenir attelées les voitures de voyage du roi, de façon qu'au premier signal elles pussent se rendre aux Tuileries. Il avait été enjoint aux hommes de service, piqueurs, garçons d'attelage et palefreniers, de se munir des objets nécessaires pour une absence de plusieurs jours.

Il n'est donc pas exact de dire, comme on l'a prétendu, que l'éventualité du départ de la famille royale n'eût pas même été prévue, et que cet incident avait eu lieu entièrement à l'improviste. On voit, par les détails que je rapporte, qu'en ce qui concerne le service des écuries tout au moins, les ordres nécessaires avaient été donnés en temps utile, et sans aucun caractère mystérieux.

On pensa généralement, dans les équipages, que la famille royale allait se retirer à Saint-Cloud, à Versailles ou à Trianon, pour y attendre le rétablissement de la tranquillité dans Paris.

Comme en temps ordinaire, et sans précipitation aucune, les berlines que devaient monter le roi, la reine, les princes et princesses de la famille royale, *la Saverne*, *la Moselle* et *la Tamise*, furent attelées chacune de huit chevaux.

Celles de la suite, pour MM. les aides de camp et les dames d'honneur, *la Seine-Inférieure*, *l'Italienne*, *la Bretonne* et *la Commode-Première*, furent attelées chacune de six chevaux.

Enfin les berlines de ville *la Favorite*, *la Française*, *la Cérès* et *la Minerve*, furent aussi préparées comme *en-cas*, mais à deux chevaux seulement.

Le convoi se composait, ainsi que je viens de

l'indiquer, de douze voitures parfaitement en état ; et les hommes, cochers, postillons, garçons de suite ou d'attelage, qui devaient conduire ou accompagner, étaient prêts à s'élancer sur leurs sièges ou à mettre le pied à l'étrier, au premier signal du jeune sous-piqueur Hairon, qui commandait et devait ouvrir la marche.

La porte cochère donnant sur la rue Saint-Thomas du Louvre avait été tenue fermée, pour éviter les regards des curieux qui s'y arrêtaient en foule.

De la cour des écuries, on entendait pousser les cris d'enthousiasme et de dévouement par les huit ou dix mille hommes de troupes que les princes, et plus tard le roi, passèrent en revue sur la place du Carrousel et aux Tuileries. Ces acclamations nous faisaient croire que les préparatifs de départ seraient inutiles.

Mais à midi et demi, les troupes ayant disparu comme par enchantement, l'ordre arriva du château de faire avancer les voitures. Le porteur de cet ordre, vêtu de sa livrée, avait été inquiété par les bandes de combattants qui se disposaient à attaquer le corps de garde du Château-d'Eau, sur la place du Palais-Royal.

A l'instant où le sous-piqueur Hairon montait à cheval pour partir à la tête du convoi, je lui dis qu'il serait prudent de mettre son carrick bleu pour couvrir la livrée rouge.

— « Eh! que voulez-vous qu'on nous fasse, à
« nous autres qui ne voulons de mal à personne?

« D'ailleurs vous savez qu'on ne peut faire le ser-
« vice du roi en bleu. Nous passerons bien, soyez
« tranquille. »

On ouvrit la grande porte pour faire sortir les équipages. A peine les deux premières voitures furent-elles dehors, que force fut de la refermer. Une troupe armée accourait en désordre pour s'introduire dans la cour des écuries.

Le convoi ainsi coupé, nous entendîmes bientôt après d'affreuses détonnations retentir de toutes parts, notamment une espèce de feu de peloton qui partait de la place du Carrousel : nul doute qu'il n'eût été dirigé sur les équipages du roi.

Ce n'était que trop vrai. Une bande de vingt-cinq à trente brigands s'était embusquée derrière l'hôtel de Nantes, à l'entrée de la rue de Rohan, et c'était elle qui venait de faire feu sur les voitures.

Deux chevaux d'attelage restèrent sur le pavé; deux autres, grièvement blessés, succombèrent quelques jours plus tard. Quant au jeune piqueur, sur lequel le feu de ces forcenés avait été plus particulièrement dirigé, son cheval tomba roide mort, criblé de douze à quinze balles; mais, par un miracle providentiel, le cavalier n'avait nullement été atteint.

Éperdu, il se dégage de l'animal qui venait de s'affaisser sous lui, et court vers l'arc de triomphe pour y trouver un refuge. Vain espoir un monstre altéré de sang arrive à sa rencontre, et lui décharge à bout portant son fusil en pleine poitrine. L'infortuné Hairon chancelle et tombe : la balle lui avait fracassé la clavicule droite et coupé l'artère carotide.

L'assassin s'empare du chapeau galonné en or de sa victime. Il l'élève en l'air comme un signe de triomphe, en appelant les complices de son horrible forfait à venir partager les dépouilles du malheureux jeune homme, gisant sur le pavé dans une mare de sang. Cet acte de brigandage fut immédiatement accompli par tous avec une dextérité qui montrait assez que ses auteurs n'en étaient pas à leur coup d'essai. Le cadavre ne conserva bientôt plus que la chemise.

Il est des gens, en trop grand nombre, hélas! pour lesquels le mot de *révolution* autorise tous les forfaits. Le meurtre, le vol, le pillage, l'incendie, deviennent pour eux de simples accidents, motivés par une sorte de *force majeure* qui les innocente. Tout au plus, en cas d'insuccès, admettent-ils qu'il y ait *crime politique*, méritant l'indulgence de la loi.

Il n'est pas un cœur honnête et droit qui ne repousse ces subtilités. On conçoit aisément qu'une révolution, tentée les armes à la main, engendre des luttes sanglantes; qu'il y ait alors des deux parts des morts et des blessés ; que dans ces grandes tourmentes politiques il se commette de regrettables, d'inévitables excès ; mais aucun de ces actes de violence, sur les personnes ou sur les choses, ne peut trouver d'excuse que dans la circonstance essentielle d'un engagement soutenu contre un ennemi, armé aussi, qui attaque ou qui se défend. C'est alors la guerre civile; la plus détestable sans doute, quand surtout les luttes paisibles de la tribune ou du scrutin pourraient amener une pacifique solution aux plus importantes difficultés; mais à laquelle on trouve du moins un caractère de bravoure et de loyauté qui peut mériter le pardon.

Quand, au contraire, l'attaque violente a lieu sans provocation; quand elle prend la forme d'un guet-apens contre des hommes désarmés ou complétement inoffensifs, il n'y a plus ni guerre ni combats : c'est l'assassinat dans toute son ignoble lâcheté, dans toute sa barbarie, et aucune raison politique ne peut ni ne doit le soustraire aux rigueurs de la loi.

Qu'il me soit donc permis, à moi le chef hiérarchique de l'infortuné Hairon, de m'étonner hautement de l'inexplicable absence de toute poursuite, de toute information contre l'auteur *connu* de ce meurtre abominable, et contre ceux qui s'en sont rendus les complices en s'emparant des vêtements, de la montre, de la chaîne d'or et de la bourse de cette victime d'un monstrueux attentat.

Ce malheureux jeune homme était enfant du peuple, comme son meurtrier; il accomplissait un devoir exempt de toute hostilité; et, sauf l'innocent couteau de chasse qu'il portait au côté, qui n'aurait même pas pu lui servir de défense, et dont il n'a d'ailleurs pas tenté de faire usage, il n'était porteur d'aucune espèce d'armes. On ne peut donc invoquer, pour atténuer la gravité du crime, le prétexte qu'on a vainement tenté de faire valoir en faveur des assassins du brave général Bréa et de son aide de camp : c'est-à-dire, l'exaspération de l'esprit de parti, le ressentiment d'un combat antérieur qui aurait excité la fibre populaire.

Ce forfait odieux, sans cause avouable, consommé au pied même de l'arc de triomphe élevé à la gloire de ces armées qui portèrent si haut, chez tous les peuples de l'Europe, la renommée de la France, ne sera jamais qu'un acte de vil brigandage. Il explique tous ceux dont il fut suivi en si grand nombre, et suffirait à lui seul pour déshonorer ces prétendus héros de février, qui en ont accepté la solidarité EN RÉCOMPENSANT LE MEURTRIER.

En effet, ce misérable eut l'audace de se présenter au citoyen Ledru-Rollin, apportant le chapeau galonné de sa victime comme un certificat de civisme; il demanda et obtint immédiatement une place de gardien du musée du Louvre, et, jusqu'à la nomination du directeur actuel de ce monument national, les honnêtes gens dont se compose son personnel ont eu à gémir de la présence, au milieu d'eux, de l'assassin du jeune Hairon. Scandale odieux, dont la responsabilité doit peser sur tous ceux qui l'ont causé ou toléré!

Après avoir lestement dépouillé leur victime, les bandits vinrent aux voitures, qu'ils firent rétrograder vers les écuries, dégagées des deux chevaux d'attelage que leur décharge avait abattus. Ils trouvèrent la porte de l'hôtel forcée par la multitude, qui avait mis obstacle à la sortie du convoi. On détela les chevaux en coupant les traits à coups de sabres et à coups de couteaux, et on fouilla les coffres des voitures. Les effets de voyage que les gens de la maison y avaient déposés furent impitoyablement pillés, et l'on vola même jusqu'aux fouets des cochers.

Ce n'était pas assez pour ces brigands que de prendre : il fallait aussi détruire ce qu'ils ne pouvaient s'approprier, et les équipages du roi étaient dans ce cas. L'intérieur de ces magnifiques voitures, construites avec tant de soin et à si grands frais, fut bourré de bottes de paille auxquelles on mit le feu, et un certain nombre d'entre elles furent ainsi traînées à bras devant la porte du Château-d'Eau, afin de consommer l'asphyxie des malheureux soldats qui s'y étaient renfermés pour y défendre leur vie.

Ces excès se commettaient sous la direction d'un homme de haute stature, aux épaules carrées, à la barbe noire, à la ceinture duquel pendait un sabre d'une grandeur démesurée, et dont la voix forte, bien accentuée, était strictement obéie par tous les chenapans qui l'accompagnaient.

Ce fut aux injonctions de ce chef puissant que M. le duc de Wurtemberg, veuf de la princesse Marie, dut la conservation de ses deux voitures. Les armes étrangères peintes sur les panneaux firent reconnaître qu'elles n'appartenaient pas au roi : « Respect aux voitures d'ambassadeurs ! » s'écria cet homme en les faisant rentrer dans une remise, sur la porte de laquelle ces mots furent écrits à la craie, à titre de sauvegarde.

Une femme fortement constituée, « aux puissantes mamelles, » comme dirait un poëte montagnard, jeune encore, mais dont les traits étaient visiblement altérés par la débauche et par la boisson, présidait aussi à ces déplorables saturnales. Elle portait en sautoir, sur sa poitrine mal couverte, le sabre et la giberne militaires; sa tête était coiffée du képy d'un officier qu'elle avait tué peut-être, et elle tenait entre ses mains un fusil de munition, qu'elle maniait, au reste, comme une plume légère. Quinze à vingt gredins, aux faces patibulaires, obéissaient à la voix rauque et stridente de cette Jeanne d'Arc de mauvais lieux.

Elle s'acharna avec fureur à la destruction de la berline *la Saverne*, que montait habituellement le roi, en brisa les glaces à coups de crosse de fusil, détruisit les armes et le vernis des panneaux à coups de baïonnette, et s'écria : — « Ohé! les amis, « de la paille à force, car celle-ci vaut la peine « d'être crânement chauffée! »

Les ordres de cette mégère furent bientôt exécutés. — « Bien! ajouta-t-elle. Du feu maintenant, et « partons pour faire une petite promenade sur le « Carrousel et aux Tuileries. » Après avoir mis elle-même le feu à la paille dont *la Saverne* était bourrée, l'héroïne, sûre de son fait, s'élança sur le siége du cocher, posa son fusil entre ses jambes; et ses satellites, s'attelant au timon de la voiture en feu, quittèrent la cour des écuries en hurlant des chants de triomphe.

Partout où se montra cet équipage républicain, il fut accueilli par les applaudissements frénétiques d'une foule stupide, et l'attelage se recruta d'un bon nombre de bêtes de trait de la même espèce.

Mais, à la stupéfaction de ces incendiaires ambulants, la paille s'était consumée en vain. La garniture intérieure de la voiture seule était détruite : la caisse résistait comme par miracle. On eut beau lui lancer des quartiers de pavés, lui asséner des coups de barres de fer, elle conserva sa forme sans fléchir. Cette citadelle roulante, construite pour la sécurité de la famille royale, trop souvent compromise par les balles des assassins, renvoyait le plomb meurtrier à ceux qui l'avaient lancé, fût-ce même avec double charge, et à quinze pas seulement de distance. Les parois de cette berline, comme celles de *l'Italienne* et de *la Seine*, auraient pu résister à des coups d'espingole ou de tromblon.

La mégère, qui jurait, tempêtait et se démenait en vain sur son siége, voyant que la carcasse de fer restait intacte, renonçant à l'incendie, eut recours à la noyade : — « A l'eau, à l'eau ! » cria-t-elle de sa voix enrouée, « au pont des Saints-Pères ! » et sa horde obéissante prit en effet cette direction.

A force de bras, *la Saverne* fut précipitée dans la rivière, où bientôt après les deux autres voitures, également doublées en tôle, allèrent la rejoindre. Ce ne fut qu'au bout de quatre à cinq mois qu'elles en furent retirées par les soins de M. le liquidateur général de la liste civile, qui fit vendre ces déplorables débris aux ferrailleurs.

Rien du matériel roulant des écuries du Carrousel ne fut épargné, sauf les deux voitures de voyage de M. le duc de Wurtemberg, qu'on avait prises, grâce à leurs armoiries, comme je l'ai dit plus haut, pour des voiture d'agents diplomatiques étrangers. On brûla tout ce qui put l'être, jusqu'aux *dreecks* destinés au dressage des chevaux, et aux chariots de transport pour les déménagements. Voici la liste, avec indication du prix d'achat, des vingt-sept voitures détruites par ces misérables dans la matinée du 24 février.

	Prix d'achat.
La Saverne, berline de voyage....	16,701 fr.
La Moselle...................	14,662
La Tamise...................	15,845
La Seine-Inférieure...........	9,585
La Commode-Première........	10,000
L'Italienne..................	10,086
La Bretonne.................	8,000
La Favorite, berline de la reine....	5,294
La Française................	10,000
La Parisienne...............	10,000
La Cérès....................	10,000
La Minerve..................	10,000
La Dame....................	6,000
La Pomone..................	10,580
L'Élégant, coupé de ville......	8,090
Le Kent....................	7,500
Le Confident................	1,000
Le Bizet....................	3,000
A reporter.............	166,343 fr.

5.

	Prix d'achat.
Report...	166,343 fr.
L'Aurore...	1,470
L'Obus, coupé bas...	4,500
Le Mercure...	4,500
Wursch, à madame Adélaïde...	4,000
L'Apollon, coupé...	5,000
Le Colonel, cabriolet...	2,200
L'Écossais, landau...	5,000
Le Cyclope, chariot...	2,500
Le Buffle, id...	1,000
Montant général...	196,513 fr.

Les chevaux tués se nommaient *Grand* et *Monplaisir*.

De prétendus agents de M. Ledru-Rollin, porteurs d'ordres vrais ou supposés, se firent délivrer trois chevaux : *Portsmouth*, *Guide* et *Forestier*, qui n'ont pas reparu, et furent ainsi volés au domaine privé.

Par un bonheur dont les membres du gouvernement provisoire doivent se féliciter, car il leur a réservé de précieuses ressources de locomotion dont ils ont amplement usé et abusé, plus de deux cents autres voitures de toute sorte, remisées sous la bibliothèque du Louvre, dans la rue du Doyenné, aux Pyramides, au Roule et au parc de Monceaux, ne furent pas découvertes. Elles échappèrent ainsi à une destruction qui eût été inévitable et immédiate, si elles étaient tombées entre les mains de ces forcenés. Comme on le verra plus tard, la portion de ce riche mobilier qui servit à l'usage des gouvernants de février, de leurs femmes, de leurs enfants et même de leurs serviteurs, a subi de cruelles détériorations. *Timon* s'apitoyait jadis sur le sort du peuple, qui, disait-il, ne devait jamais monter dans les voitures du roi : le peuple, dans la personne de ses hauts fonctionnaires, a donné un large et déplorable démenti au pamphlétaire; et ce n'est pas le seul qu'il ait reçu.

Les désordres que je viens de raconter ne furent pas l'œuvre spontanée d'une multitude égarée; ils eurent lieu sous la direction de meneurs, d'hommes dont le linge fin, la chaussure délicate et surtout le langage annonçaient suffisamment qu'ils appartenaient à une autre classe que la tourbe docile à leurs ordres. Quelques-uns des gens de service, victimes de ces déprédations, m'ont assuré que, parmi les personnes qui disposèrent plus tard des voitures de la liste civile, ils avaient reconnu plusieurs de ces physionomies éclairées, le 24 février, par les lueurs de l'incendie des équipages du roi; de ces figures qu'on n'oublie jamais, quand il s'y rattache des souvenirs de dangers et de désastres cruels.

Dans la soirée de ce jour néfaste, la cour de l'hôtel des Écuries, la place du Carrousel, celle des Tuileries, ressemblaient à l'une de ces plages inhospitalières de la mer du Sud, couvertes des débris d'un naufrage, où des cannibales, la torche d'une main et la hache de l'autre, hurlent et vocifèrent en dansant autour des malheureux dont ils ont dévasté les vaisseaux, avant de les immoler eux-mêmes à leurs brutaux appétits.

On ne massacra pas, il est vrai, le nombreux personnel que la tourmente venait de frapper dans ses moyens d'existence; mais on congédia ces infortunés, on les laissa sans pain. Plus de deux mille individus, appartenant à tous les services de la maison du roi, se trouvèrent sans ressources à la suite de la révolution de février, beaucoup d'entre eux ayant même perdu dans le pillage leurs meilleurs effets et leurs modestes économies. Le montant de ces pertes, pour l'hôtel des Écuries du Carrousel seul, s'élève, suivant l'état nominatif que j'en ai dressé, à 1,979 fr., dont les malheureux propriétaires ne recevront probablement jamais un centime.

Ce personnel se dispersa. Un certain nombre des cochers qui conduisaient habituellement les voitures du roi, attelées de huit chevaux, sont maintenant assis sur les siéges des voitures de place ou de celles des pompes funèbres; d'autres durent se résigner aux fonctions de balayeurs des rues, de ce qu'on appelle le service de salubrité : ruine et désastres complets, qui ne tournèrent pas même au profit de ceux qui en furent les infâmes promoteurs ou les aveugles instruments.

IV.

Sac et pillage des Tuileries. — Scènes de vandalisme et de dévastations. — Le régicide en effigie. — Moralité de ces actes.

On a vu, par les faits relatés au chapitre précédent, que les *combattants de février* n'ont réellement rencontré de résistance, de la part de la troupe, que sur deux ou trois points isolés, et là seulement où les soldats, violemment attaqués par eux, ont eu à défendre leur vie. A en croire pourtant le citoyen Louis Blanc dans son *Histoire de la révolution de* 1848, les égorgeurs se seraient conduits en héros ; ils auraient soutenu de sérieux combats et remporté de mémorables victoires. Voici comment il s'exprime à cet égard :

« Noble et imposant spectacle! la grande cour « de l'hôtel Bullion (là où se trouvaient les bureaux « du journal *la Réforme*) était occupée par des « phalanges d'hommes ardents, agitant dans leurs « mains leurs fusils victorieux, montrant sur leurs « blouses des baudriers *semés de gouttes de sang*, et « lançant de leurs noires prunelles des éclairs de « triomphe. »

Pour les glorifier de ce sang, il eût fallu du moins que ce fût le leur, coulant d'honorables blessures; mais il ne s'agit, hélas! que du sang de leurs victimes; et ces *noires prunelles* roulaient dans les orbites de véritables bêtes fauves, qui venaient de préluder par le meurtre inutile, par l'assassinat à bout portant, aux plus ignobles scènes de pillage et de dévastation.

Ces prétendus vainqueurs ont eu l'audace de parler aussi de *la prise* des Tuileries, où ils sont entrés sans coup férir, et d'où le roi était sorti en renouvelant encore l'ordre formel, qu'il ne cessait de répéter depuis le matin avec une déplorable insistance, et qui n'a été que trop bien respecté : « SUR-« TOUT NE TIREZ PAS! *je ne veux pas qu'on tire sur* « *le peuple!* »

Des plumes éloquentes ont tracé le récit des émouvantes scènes qui ont précédé, accompagné ou suivi l'abdication du roi, son départ, celui de la reine, de leurs enfants et petits-enfants. On y trouve des détails pleins d'un douloureux intérêt sur ce pénible voyage, que la rage de leurs persécuteurs transforma en une fuite pleine de fatigues et de périls.

Je n'affaiblirai pas, en le reproduisant, ce tableau touchant d'une famille auguste, naguère si puissante, la veille encore l'objet des respects et des hommages de tous, dispersée alors par cette *tempête politique* prédite avec une si fatale exactitude par M. de Cormenin, et dont tous les membres arrivèrent isolément sur la terre étrangère sous les déguisements qu'ils avaient été contraints de revêtir, eux si bons, si bienfaisants et inoffensifs, comme s'ils eussent été de vils malfaiteurs obligés de se soustraire à la vindicte publique!

Ce fut à une heure et demie de l'après-midi que, le 24 février, le flot populaire fit irruption dans ce palais des rois, qui allait bientôt après devenir le théâtre des plus dégoûtantes orgies. Voici en quels termes est racontée l'entrée du *peuple souverain*, par l'homme le moins suspect d'avoir cherché à diminuer sa *gloire*, et qui eût été le mieux placé pour dire la vérité, si le besoin de la cause qu'il avait chaudement embrassée n'avait dû le contraindre à adoucir beaucoup de teintes, à excuser ou à passer sous silence bien des faits :

« Le premier mouvement des hommes, *désap-
« pointés de n'avoir pas à se battre*, était, en en-
« trant dans ces salons *non défendus*, de se jeter
« sur les fauteuils et les canapés, et de s'y bercer
« avec délices, pour compenser la contrariété d'une
« victoire *trop facile*.» (*Le Drame des Tuileries*, par le citoyen Saint-Amant, commandant supérieur du palais, brévété du gouvernement provisoire.)

Pourquoi, hélas! l'a-t-on rendue si *facile*, cette prétendue victoire? La moindre résistance eût éloigné la canaille, refoulé les pillards. Les honnêtes gens, entraînés par la simple curiosité, ne leur auraient pas prêté l'appui de leur présence; je suis même certain que si on leur eût fait un loyal et énergique appel, ils ne seraient pas restés sourds à la voix qui les aurait rassemblés pour la défense de l'ordre public, si gravement compromis; pour celle de la société, menacée dans sa base comme dans son sommet!

Il n'y eut donc pas de *prise* des Tuileries : le roi *quitta* volontairement et le peuple *occupa* purement et simplement le palais; mais avec cette circonstance, essentielle à remarquer, que l'occupant dévasta, cassa, brisa et pilla, dans l'espace de quelques heures, presque tout ce que la famille royale avait pu réunir, en dix-sept ans et demi, au prix d'immenses sacrifices d'argent et de soins assidus, en objets rares et précieux, attestant un goût éclairé dans les sciences, dans les arts et dans l'industrie.

M. de Cormenin, que je ne me lasse pas de citer, parce qu'à mes yeux il a été, à beaucoup d'égards, par ses déclamations incendiaires, l'instigateur de ces affreux désordres; M. de Cormenin avait dit en 1832, dans ses Lettres sur la liste civile :

« Laissez Versailles à la couronne, ce sera un
« hospice de gens de cour, un élégant dépôt de
« mendicité. Laissez Versailles A LA NATION, elle
« placera dans ses galeries de riches collections, des
« musées de tableaux, de statues et d'antiquités. »

On sait trop, maintenant, quel cruel démenti les faits sont venus donner à ces paroles d'une perfide malveillance. Chacun a vu Versailles devenir, entre les mains du roi, après vingt et un millions de dépenses prélevées sur ses revenus, ou, pour mieux dire, sur le fonds même de sa fortune particulière qu'elles ont obérée, tout justement ce que *Timon* prétendait que LA NATION seule pouvait le faire ; et personne n'oubliera que celle-ci, au contraire, représentée par l'étrange gouvernement qui avait usurpé ses droits, s'est empressée de convertir le magnifique palais des Tuileries en un *hospice des invalides civils*, et le Palais-Royal en *caserne*.

Le même auteur demandait avec inquiétude si l'on avait *fait inventaire* du riche mobilier de la Couronne, montant, disait-il, à une valeur de *trente-deux millions*. Cet inventaire fut établi, en effet ; il a coûté 60 à 70,000 fr., et l'on peut voir aujourd'hui, par le rapport officiel de M. Mortimer-Ternaux, qu'aux 9,176,000 fr., et non pas 32 millions, dont se composait le matériel constaté en 1832, le roi Louis-Philippe avait ajouté, par ses achats successifs, une valeur additionnelle bien plus considérable.

Qu'est-il resté de toutes ces richesses ? Qui s'est chargé d'en faire le récolement au moment de l'occupation du peuple ? Répondez, *Timon !*

On a recueilli, aux Tuileries et au Palais-Royal, *vingt-cinq mille kilogrammes* de fragments de glaces et de cristaux, n'ayant plus que la valeur de la matière brute à jeter au creuset ; et il en a sans doute été perdu davantage encore en parcelles broyées. Dix tombereaux ont été chargés des débris des plus belles porcelaines de Sèvres. Telle était leur valeur matérielle, qu'on a pu retrouver encore pour plus de vingt mille francs de l'or dont elles étaient ornées. Quant à la valeur artistique, on conçoit qu'elle était immense. Le nombre des pièces de cristaux de table brisées, s'élève seul à 23,000; celui des pièces de porcelaine excède 45,000!

Les riches tentures des Gobelins et de Beauvais furent impitoyablement trouées, déchiquetées, effilées; les velours et les soieries de Lyon, qui brillaient d'un si bel éclat aux expositions de l'industrie, où elles avaient presque toutes figuré, ont été découpées en lanières pour faire des écharpes, des ceintures, ou discrètement emportées pour de plus utiles usages.

Le palais des Tuileries a cependant été moins maltraité que le Palais-Royal, et surtout que le château de Neuilly, principalement en ce qui touche aux chefs-d'œuvre de nos artistes les plus célèbres. De honteuses mutilations sont à regretter, sans doute; mais beaucoup d'objets précieux y sont restés intacts, ce qui peut s'expliquer par diverses causes. Et d'abord, c'est aux Tuileries que l'invasion populaire a commencé. Calme et paisible au début, elle n'est devenue désordonnée qu'un peu plus tard, et c'est vers le soir qu'elle avait atteint son paroxysme. A ce moment, un agent du gouvernement provisoire est venu prendre le commandement du palais, et il faut reconnaître que son intervention, puissamment aidée par le zèle de plusieurs serviteurs dévoués, a obtenu quelques heureux résultats.

Le Palais-Royal et Neuilly ont été visités le lendemain, et les passions tumultueuses, le pillage et la dévastation, qu'on était parvenu à comprimer le premier jour, ont débordé en plein le second.

Puis, enfin, le peuple considérait les Tuileries comme une propriété de l'État, et les autres palais comme des propriétés particulières du roi ; et l'on s'autorisait de ce prétexte, comme s'il eût légitimé tous les excès, tous les vols, toutes les infamies.

J'ai sous les yeux une narration, qui a été présentée comme officielle et véridique, de tout ce qui constitue le *Drame des Tuileries après la révolution du 24 février* 1848 : tel est d'ailleurs son titre. Elle me paraît mériter confiance sur quelques points; mais des détails essentiels y sont omis, d'autres ont été atténués ou adoucis. Le rapide tableau que je veux tracer de ces faits dira mieux, sera plus véridique, car j'ai pris soin d'en vérifier l'exactitude.

L'auteur de cette brochure était déjà connu, avant la révolution de février, par une notoriété européenne : c'est le *citoyen* Saint-Amant, négociant en vins, capitaine en 2e à la 1re légion de la garde nationale, mais aussi l'un de nos plus habiles joueurs d'échecs, rédacteur du *Palamède*, recueil périodique consacré à ce noble jeu, et auquel le roi Louis-Philippe était abonné depuis sa fondation.

Je ne me donnerai pas le facile plaisir de mettre ici le passé de M. Saint-Amant en opposition avec sa conduite récente ; de citer, par exemple, en regard de sa profession de foi *républicaine* du 29 mars 1848, au cirque des Champs-Élysées, sa profession de foi *monarchique* du 13 mai 1846, au meeting général des amateurs d'échecs de Wakefield (Yorkshire), et le récit de sa conversation avec le roi Louis-Philippe aux Tuileries, extrait du *Palamède* de 1847. En faisant abstraction des opinions actuelles de M. Saint-Amant, que je suis loin de partager, et des concessions qu'il a été dans l'obligation d'y faire, je le tiens pour un homme incapable d'autoriser et surtout de commettre une action honteuse; s'il a excusé ou atténué quelques-unes de celles qui ont signalé la présence de la populace aux Tuileries, c'est une nécessité de position dont il faut tenir compte.

M. Saint-Amant fut, dit-il, l'officier de la garde nationale qui prit l'un des bras de M. de Lamartine, l'autre étant appuyé sur le fidèle Bastide, pour conduire du palais Bourbon à l'Hôtel de Ville le plus éloquent des nouveaux dictateurs, après la formation du gouvernement provisoire.

C'est aussi M. Saint-Amand (il l'affirme du moins) qui installa les membres de ce gouvernement dans les salles de l'Hôtel de Ville, où ils purent enfin délibérer, à l'abri de la foule qui affluait de toutes parts.

« On parla des diamants de la couronne, dit-il.
« Désigné pour aller sauver ce foyer de richesse, je
« n'hésitai pas une minute : *je rédigeai ma com-*
« *mission* comme j'avais écrit celle de plusieurs
« membres du gouvernement provisoire; et quand
« elle fut en règle et signée par tous, je n'eus plus de
« prétexte pour différer mon départ. Le commandant
« Dumoulin me retint cependant, en me disant : —
« *Je vais me charger du Louvre*, et nous partirons
« ensemble. — Il m'en coûtait beaucoup de quit-
« ter le siége du gouvernement dans des circons-

« tances si périlleuses..... — Allez sauver les Tuile-
« ries, — me dit Lamartine. Je n'hésitai plus ; et
« lorsque la commission de Dumoulin fut en rè-
« gle, je partis avec lui, et, en sautant force barri-
« cades, nous arrivâmes enfin à nos postes. *Le
« calme dont jouissait le Louvre* me détermina à
« insister auprès *du vieux soldat* pour qu'il vînt
« m'introduire au palais des Tuileries, étincelant
« de toute espèce de feux et de lumières. »

On voit comment se donnaient et se *prenaient*
même alors les commandements. J'examinerai
plus tard quels titres les anciens services du *vieux
soldat* pouvaient lui donner à celui dont il se gra-
tifia si généreusement lui-même, et qu'on lui laissa
exercer si peu de temps. Je serai dans l'obligation
de citer aussi l'acte *glorieux* qu'il accomplit aux
Tuileries, après y avoir introduit le commandant
supérieur et s'y être introduit lui-même.

M. Saint-Amant eut, à ce qu'il paraît, beaucoup de peine à faire reconnaître et respecter sa
mission, malgré la précaution prise par le citoyen
Dumoulin de le proclamer gouverneur à son de
tambour. — « Nous en avons vu des milliers, —
« s'écriaient en chorus des voix peu disposées à se
« soumettre à l'ordre. »

Des postes s'étaient établis spontanément, mais
isolément l'un de l'autre, et sur tous les points.
Comme ils ne se reliaient entre eux par aucune autorité centrale, la tâche du commandant supérieur
était d'un accomplissement difficile. Il lui fallait
d'abord se faire admettre par *quarante-six* réunions

différentes d'hommes armés, n'obéissant qu'à elles-mêmes, et s'étant organisées démocratiquement : c'est-à-dire que chacun se croyait en droit d'y commander. Arrivant seul, M. Saint-Amant ne put s'installer qu'à l'aide des plus étranges concessions : certains de ces postes *permanents*, car ils n'étaient pas quotidiennement relevés, ne le laissèrent pénétrer dans leur intérieur qu'après plusieurs jours de négociations. Quelle discipline exemplaire !

M. Saint-Amand se loue beaucoup de l'utile concours de M. Gally, régisseur en second du palais des Tuileries, dont le zèle et l'infatigable dévouement s'étaient employés, dès le début, à préserver cette magnifique résidence royale des désastres qu'il lui était possible de conjurer. Sans action sur une foule tumultueuse, qui pouvait le traiter en ennemi ; sans moyens énergiques de résistance à ses excès, n'ayant à ses ordres qu'un trop petit nombre de serviteurs disposés à les exécuter, l'influence de M. Gally, pour empêcher le mal, fut nécessairement très-limitée jusqu'au moment où l'arrivée du commandant, nommé par le gouvernement provisoire, vint lui prêter quelque appui.

Le feu était surtout à craindre. M. Saint-Amant eut l'heureuse idée de faire venir des pompiers et des pompes. Outre le secours matériel de leur spécialité, ils formaient au moins un petit centre de braves soldats. Leur assistance fut utile pour modérer ou pour éteindre les feux de bivouac de l'extérieur, alimentés par les meubles brisés, et ceux des cheminées, bourrées outre mesure. Des tentatives d'incendie avaient été faites dans la salle de spectacle, où les débris des décors, amoncelés sur la scène, se trouvaient mêlés à des matières inflammables. Ce malheur du moins fut prévenu; si je suis bien informé, il le fut une fois, entre autres, par la vigilance personnelle de M. Gally.

Selon l'auteur de la brochure, les désordres des Tuileries seraient principalement dus à la négligence des 2e et 11e légions de la garde nationale, qui, se trouvant en force aux abords du palais, s'abstinrent d'y pénétrer pour l'occuper. Le récit que fait M. de Verbois, trésorier de la couronne, dans une note récente sur l'affaire des diamants, qui n'a reçu qu'une publicité très-restreinte, porte, au contraire, que *les envahisseurs de la résidence royale, y arrivant par le guichet de l'Échelle,* au moment où M. le duc de Nemours et les princesses *venaient de s'engager sous le pavillon de l'Horloge, se composaient d'un bataillon de garde nationale, ayant derrière des hommes en blouse emboîtant parfaitement le pas, mais ne manifestant point d'intentions hostiles. Quelques femmes armées étaient avec eux;* elles montraient une grande exaspération. L'une d'elles, brandissant une épée, criait *Vive la république!* à en perdre la respiration.

La garde nationale pénétra donc la première aux Tuileries; mais, au lieu de prendre les dispositions nécessaires pour préserver le palais, les soldats-citoyens, cédant probablement à un mouvement de curiosité, s'empressèrent de rompre les rangs, comme cela arrive toujours en pareil cas, pour parcourir les appartements que venait de quitter la famille royale.

Pendant une heure, il n'y eut pas de pillage: on se contenta de regarder. A chaque velléité douteuse, il suffisait de quelques âmes honnêtes pour l'empêcher.

Cette retenue ne faisait pas le compte des meneurs. Il leur fallait du désordre, et surtout la complète dévastation de ce séjour des rois, ce qui, dans leur pensée, mettrait un obstacle de plus au retour de la royauté. En pareil cas, le meilleur stimulant est l'ivresse. C'est donc à l'ivresse qu'ils poussèrent d'abord le peuple pour l'entraîner ensuite au pillage. Le cri « Aux caves! » se fit entendre, et trouva un trop facile écho.

Beaucoup de gens, qui ne se décideraient pas à prendre votre bourse, boivent sans scrupule votre vin. Il y a spoliation dans les deux cas; mais on se fait aisément illusion dans le dernier, quand surtout le propriétaire est un roi dépossédé par le peuple SOUVERAIN. Celui-ci se croit un incontestable droit sur les provisions de son ancien mandataire. L'ivresse, d'ailleurs, élargit les consciences; elle aveugle ou étouffe les penchants honnêtes, et développe les plus mauvais instincts.

On descendit donc aux caves, on envahit les cuisines, et l'on usa largement de tout ce qu'on put prendre. On estime à près de 200,000 fr. la valeur des conserves qui furent gaspillées ou perdues. Les fureteurs découvrirent, dans les appartements du prince de Joinville, deux barils de rhum qu'il avait apportés de ses voyages, et qu'il n'avait pas voulu livrer au sommelier du roi.

L'effet de ces libations immodérées fut terrible. A partir de ce moment, les plus retenus devinrent tapageurs, et les forcenés, les *malotrus*, comme les nomme M. Saint-Amant, se livrèrent à de déplorables actions. Contenus, quant au pillage, par la foule qui obstruait les grands appartements, où ils se contentèrent de casser et de briser, ils se répandirent dans les parties intérieures du palais, et volèrent impunément tout ce qui leur tomba sous la main. « Les serviteurs, dans leurs appartements « retirés, ont été beaucoup plus maltraités que les « maîtres. » Et, en effet, l'état des pertes éprouvées par les personnes attachées au roi, à la reine, aux princes aux princesses, s'élève à l'énorme somme de plus de 500,000 fr.

Pour faciliter l'exécution de leurs méfaits, les maraudeurs s'étaient élancés dans la tour de l'Horloge, et les marteaux qui frappent l'heure étaient devenus, entre leurs mains, de redoutables instruments de fracture. Sous le vestibule de cette tour, un de ces brigands avait été fusillé par quelques hommes du peuple, indignés eux-mêmes de sa conduite ; les mots ! « Mort aux voleurs » inscrits par eux sur les murs, appuyés de l'exemple fourni par cet acte rigoureux de justice expéditive, imposèrent aux moins audacieux.

D'autres mesures ne furent pas sans efficacité. On établit, au bas des escaliers donnant sur la cour, des postes de vérification qui ne laissaient rien emporter d'apparent, mais qui se contentaient de faire restituer les dépouilles sans s'attaquer aux pillards, devenus d'ailleurs trop nombreux pour être recherchés. De ce côté, le désordre ne profita donc qu'aux filous adroits, porteurs d'objets faciles à dissimuler ; les plus habiles sortirent du palais par le jardin, dont les portes avaient été forcées, et où nulle police n'était établie.

La justice a déjà maintes fois sévi contre les auteurs de ces déprédations que le hasard a fait tomber entre ses mains, et chaque jour on en découvre encore de nouveaux. Mais le plus grand nombre échappera malheureusement au juste châtiment de ses crimes, à la honte éternelle de ceux qui les ont excités.

Les pillards n'épargnèrent pas même les combles. On y voyait des femmes, échangeant leurs ales vêtements pour des robes de soie ou de dentelle ; des hommes en blouses, plaçant dessous des habits noirs ou une livrée brillante ; d'autres, remplissant leurs poches de brocarts ou de franges d'or ; et des bandes de rideaux ou des torsades faisaient l'office de ceintures.

On parvint, le lendemain, à mettre un peu d'ordre dans la marche des visiteurs, introduits entre deux lignes de gardes, et défilant depuis la porte de la chapelle jusqu'au pavillon de Flore.

« Pour dernier spectacle, s'était établie sous
« l'ancien vestibule du roi une déesse de la Liberté,
« trônant, la pique en main, dans l'immobilité
« d'une statue, sur des monceaux de vêtements,

« produit des restitutions forcées. » Cette femme, qui servait à la fois de vivandière et de déesse, resta pendant trois jours et trois nuits à la disposition de la garnison.

Cependant, une fois que les promenades de la multitude eurent cessé, on s'occupa de retrouver, parmi les effets dispersés ou arrêtés au passage, ceux qui pouvaient appartenir aux serviteurs pillés. Une *exposition*, organisée par M. Gally, eut lieu sur le théâtre pendant huit jours, et chacun put aller, à cette espèce de *morgue mobilière*, rechercher et reprendre son bien.

Les objets précieux appartenant à la Couronne, tels que l'argenterie, dont la valeur s'élevait à plus de trois millions, sur lesquels il en manquait à peine, selon M. Saint-Amant, pour une dizaine de mille francs, l'or et les bijoux, furent mis à part, et expédiés à la Monnaie ou au Trésor public, dans des fourgons.

Parmi les objets préservés, on remarquait un service en vermeil de cinquante couverts, provenant de Napoléon. C'est tout ce qu'on peut voir de plus riche et de plus brillant.

Quelques jeunes élèves de l'École polytechnique et de l'École de Saint-Cyr, de ces belles natures qu'on trouve toujours prêtes à concourir aux actes honorables et dévoués, avaient accepté la tâche pénible de rechercher ce qui restait de précieux. On visitait les meubles non fracturés, et ce qu'ils contenaient était recueilli dans des paniers.

« Penser à rédiger des procès-verbaux réguliers

« eût été perdre un temps qui pouvait se bien mieux
« employer, dit M. Saint-Amant. Les garants que
« j'employai toujours, en guise de cire et de cachets,
« étaient les mains pures et loyales des élèves de
« l'École polytechnique. Personne ne les suspec-
« tera assurément. »

Je ne voudrais pas jurer que M. de Cormenin, si formaliste à l'égard des inventaires de remise du mobilier de la Couronne, quand il s'agissait de la responsabilité du roi Louis-Philippe, se relâchant de sa rigueur, n'eût trouvé qu'on avait agi dans cette circonstance d'une manière très-convenable, et que ces mesures expéditives n'eussent obtenu sa complète approbation.

Le commandant supérieur du gouvernement provisoire revendique le mérite d'avoir conservé à la France les tableaux de prix qui ont échappé à la dévastation générale du mobilier des Tuileries. C'est lui, dit-il, qui provoqua près du ministre de l'intérieur la mesure de les transporter au Louvre par la porte qui communique à la grande galerie, soin confié d'abord à MM. Mérimée et Léon de Laborde, puis à M. Cavé. M. Chalons d'Argé, accrédité par M. Andryane pour les objets d'art, a rendu aussi d'importants services pour la conservation des choses précieuses.

Le peuple, s'étant d'abord répandu dans les appartements qui touchent au pavillon de Flore, n'arriva que plus tard au pavillon de Marsan. Le rez-de-chaussée, qu'occupait madame la duchesse d'Orléans, reçut de nombreux visiteurs; mais la foule s'arrêta, à la simple parole d'un serviteur fidèle et dévoué, devant la portion de ce rez-de-chaussée qu'avait habité personnellement le feu prince royal.

— « Citoyens, leur dit-il, ce sont les apparte-
« ments de l'infortuné prince. Sa veuve y venait
« pleurer tous les jours. Ils sont tendus en noir
« comme un sépulcre : respectez-les, je vous en con-
« jure! » — Son vœu fut exaucé, grâce à l'intervention de quelques citoyens honnêtes, notamment de M. Favre, ancien élève de l'École polytechnique, et de M. Legentil, lieutenant de la 2e légion, qui prirent le commandement d'un poste consacré à la garde de cette portion du palais.

Les appartemens du prince royal sont donc restés intacts et exempts de toute profanation. Ce lieu, consacré depuis huit ans aux tendres souvenirs d'une éternelle douleur, n'a changé ni de destination ni d'aspect. Tout y est encore dans le même état qu'au moment de la mort de celui que la France entière a pleuré.

Quant aux appartements de madame la duchesse, son argenterie, ses bijoux, ses papiers, furent portés au ministère des finances ; on respecta les belles toiles qui garnissaient la salle à manger; le restant du mobilier a subi les altérations inévitables occasionnées par l'habitation du commandant supérieur provisoire, qui vint s'y loger avec sa famille.

Les appartements de M. le duc de Nemours, situés à l'étage au-dessus, n'ont éprouvé que peu de dégradations. Je ne puis mieux faire, pour les dépeindre, que de laisser parler l'auteur de la brochure :

« L'appartement au-dessus est celui de M. le duc
« de Nemours : il étincelle de l'éclat de la jeunesse
« et de la fraîcheur. Louis-Philippe, qui devait le
« payer, car il ne l'est pas encore, passerait pour
« un prodigue, à interdire si toutes ses opérations
« portaient un pareil cachet. Rien n'a été épargné
« pour les décors, où tout est soie et or. On ne peut
« certainement rien rêver de plus élégant et de plus
« riche à la fois que le salon de la duchesse. Quelles
« glaces! quel plafond! De quelque côté que les
« yeux se tournent, ils sont éblouis, et l'extase est
« permise : la divinité seule est absente du temple.
« Nous avons été assez heureux pour refouler les
« dévastateurs dans la pièce à côté, et encore aucun
« des plus beaux meubles n'y est tombé vic-
« time. Toutes les glaces, les riches tentures ont
« été épargnées. En général, la toilette et les objets
« particuliers des propriétaires n'ont pas trop souf-
« fert dans cette riche habitation. »

J'ai cédé à la satisfaction de parler d'abord de quelques mesures conservatrices, au milieu du grand désastre matériel qui a coïncidé d'une manière si fatale avec nos désastres politiques. Je suis forcé de revenir maintenant sur des détails d'un pénible intérêt : sur les actes de destruction et de vandalisme dont les appartements du roi, ceux de Sa Majesté la reine et de S. A. R. madame Adélaïde ont été le théâtre.

En arrivant au premier étage, la foule gagna précipitamment la salle du Trône et celle des Maréchaux. Arraché et précipité par la fenêtre, le trône fut porté à bras sur la place de la Bastille et brûlé au pied de la colonne de Juillet, élevée en commémoration des événements glorieux qui l'avaient fondé. Le dais était trop élevé pour qu'on pût l'atteindre alors : aucune échelle n'était assez longue ; mais lorsque, plus tard, les tapissiers vinrent pour l'enlever, les *blessés* ou les malades de février, qui occupaient le salon, se jetèrent dessus, et s'en partagèrent les morceaux pour faire des calottes de velours rouge. Quant aux franges et aux torsades d'or, on ne dit pas ce qu'elles devinrent ; mais il est facile de le deviner.

Des coups de fusil furent tirés sur les portraits des maréchaux Soult et Bugeaud. Les toiles furent ensuite lacérées, et l'on écrivit au-dessous de leurs noms les mots de : *Traître à la patrie; Mis à mort pour ses crimes;* inscriptions stupides sans doute, mais honteuses aussi pour les misérables qui ont eu l'infamie de les tracer. Faut-il donc que le plus illustre des lieutenants de l'empereur aille en Angleterre pour recevoir, d'un peuple dont il a si souvent combattu les armées avec succès, le juste hommage dû à sa vieille gloire et aux lauriers dont son front est orné? La populace de Paris n'aurait-elle que l'insulte et l'outrage à décerner pour récompense aux célébrités de notre armée?

Quelques dégradations, d'une nature moins grave, furent faites aux portraits des maréchaux Sébastiani,

Grouchy, Maison, et aux bustes qui décorent ce magnifique panthéon militaire. Elles seront facilement réparées.

Les étages supérieurs furent fouillés avec soin. On savait sans doute que six cents fusils étaient déposés près de l'horloge. Ils disparurent promptement.

Une autre bande s'introduisit au rez-de-chaussée. L'appartement que le roi avait fait arranger, à grands frais, pour madame la princesse Adélaïde, reçut sa première visite. On ne respecta pas le deuil dont il était encore rempli. Le tableau d'Alfred Johannot, représentant Louis-Philippe au moment où il sauve la vie du courrier Vernet par une saignée, noble et touchante action que le prix Montyon était venu récompenser sur le trône de France, fut percé à coups de baïonnettes, comme si toute vertu était un crime aux yeux des héros de l'émeute.

De l'autre côté du vestibule, dans le salon des aides de camp, se trouvaient des portraits de famille peints par nos célébrités modernes. Ceux du roi des Belges et du duc d'Aumale furent impitoyablement déchirés. On respecta les princesses, le duc de Wurtemberg et le prince de Joinville, peint en élève de marine.

Le cabinet du roi, qui vient ensuite, rappelait encore par ses décorations le souvenir de Napoléon. Le secrétaire en érable et à cylindre avait été celui du grand empereur; Louis-Philippe y avait travaillé toute la matinée, et c'était à cette place qu'après avoir signé son abdication, il avait donné l'ordre de faire retirer les troupes, et *de ne pas tirer sur le peuple.*

Le secrétaire fut fouillé et refouillé de main de maître. On y trouva, dit-on, vingt-cinq mille francs en or que ce roi, signalé comme un avare, n'avait pas même songé à emporter pour les besoins de son voyage ! Les bandits qui se partagèrent la somme auraient répondu aux gens honnêtes venus là par hasard, et qui voulaient s'y opposer : — « *L'argent n'a point de maîtres ; il ne se reconnaît pas.* »

Quant aux portefeuilles dont il a été tant parlé, ils ne contenaient que des papiers de famille, des pièces diplomatiques et des correspondances privées. Un misérable les vendit au gouvernement provisoire, et prit sans doute la précaution de se les faire payer d'avance. Le portefeuille auquel le roi attachait le plus d'importance était probablement celui que S. M. avait sous le bras, au moment de monter en voiture sur la place de la Concorde, et dont le citoyen Crémieux avait vainement voulu le *débarrasser*, ainsi qu'on l'a vu par la lettre si accablante pour ce citoyen qu'a publiée le digne et brave général Friant. Mais ce portefeuille ne contenait que des papiers personnels à S. M.

Le portrait du duc de Nemours, qui décorait le cabinet du roi, devint la proie des dévastateurs.

Le cabinet de toilette de S. M., la pièce intermédiaire qui précède la chambre à coucher, et cette chambre elle-même, eurent peu à souffrir. Le mobilier antique et de bon goût qui les décore fut généralement trouvé d'une grande simplicité. Le lit du roi et de la reine, couvert d'un seul sommier en crin, sous lequel, du côté de S. M. la reine seulement, est placé un matelas en laine, étonna plus d'un curieux, qui ne s'en serait pas contenté pour son propre usage.

Les appartements de la reine, qui viennent ensuite, n'ont pas été aussi bien traités. On respecta le cabinet de toilette, et les souvenirs des victoires d'Anvers et de Saint-Jean d'Ulloa, dont il était décoré; mais l'oratoire, construit dans l'ancien atelier de la princesse Marie, probablement à cause de sa nouvelle destination, ne put trouver grâce devant les Vandales du 24 février.

Ce pieux réduit, dans le style gothique, était orné des œuvres de cette charmante artiste; qu'un sort fatal ravit si prématurément à sa noble famille dont elle faisait la joie et l'orgueil, au jeune fils qui n'a pu connaître sa mère; à l'art des Phidias, des Praxitèle, dans lequel ses premiers essais lui avaient acquis de l'illustration. On y voyait divers modèles de sa belle statue de Jeanne d'Arc, sous toutes ses formes; les anges qu'elle se plaisait à tailler dans le marbre. La brutalité de ces misérables méconnut tout ce que ces souvenirs de famille avaient de sacré. L'autel fut renversé, et ils brisèrent les bras de l'ange invocateur, que S. M. la reine avait destiné à décorer la chapelle Saint-Ferdinand, à Sablonville.

Par une tardive réparation, les débris furent recueillis, grâce aux soins d'un modeste artiste qui s'en constitua spécialement le gardien; et l'inscription de *Respect aux arts!* tracée sur la porte du sanctuaire, vint attester plutôt que conjurer une indigne violation.

Les appartements de la princesse Clémentine, du prince de Saxe-Cobourg et de leurs enfants souffrirent peu; mais il n'en a pas été de même de ceux du prince de Joinville, malgré la popularité dont il jouissait à si juste titre. Les cartes marines, les ouvrages d'hydrographie qui en faisaient le plus bel ornement, et qui n'étaient d'aucun prix pour ces bandits, ont été indignement lacérés. Peut-être ces excès sont-ils dus à la découverte du rhum et à l'ivresse furieuse qu'elle a produite.

Aux grands appartements du premier, le désastre fut considérable. J'ai déjà parlé des draperies, des rideaux, des tentures arrachés partout, déchirés, souillés ou volés; des portraits représentant des membres de la famille royale, et surtout ceux du roi, indignement outragés et détruits.

La fureur des destructeurs s'acharna plus particulièrement à deux monuments remarquables.

La statue en bronze du roi, presque de grandeur naturelle, décorait le grand salon de famille. On se précipita sur elle, on sépara la tête du tronc; et celui-ci, lancé dans un immense brasier, n'offrit bientôt plus que d'informes débris.

Au milieu de la belle galerie que le roi a fait bâtir, de ses deniers, sur l'emplacement de l'ancienne terrasse conduisant de la salle des Maréchaux à la chapelle, du côté du jardin, et qui porte le nom de *Louis-Philippe*, on a construit une de ces cheminées de grand style, telle que l'exigeait l'immense pièce dont elle fait l'un des principaux ornements. Au-dessus de cette cheminée monumentale se trouve le plâtre du magnifique bas-relief qui devait être exécuté plus tard en marbre, et qui représente l'une des scènes les plus mémorables de la vie du roi. C'est son trajet à travers les barricades, le 31 juillet 1830, au milieu du peuple et de la garde nationale qui le saluaient de leurs acclamations quand il se rendit à l'Hôtel de Ville, où il fut proclamé lieutenant général du royaume. Louis-Philippe y est représenté à cheval, presque de grandeur naturelle, le chapeau à la main, tournant la tête vers le spectateur.

Quelques misérables, parodiant lâchement Lecomte et Alibaud, car cette fois le régicide *en effigie* n'offrait pas l'ombre d'un danger, ont percé de leurs balles la noble et belle figure du roi. Celui qui donna le signal et l'exemple de cette ignoble mutilation a eu la mauvaise pensée de léguer son nom à l'histoire contemporaine. Il faut sans doute avoir le courage de son opinion, mais ce courage ne devrait jamais aller jusqu'au cynisme.

Parmi les inscriptions révolutionnaires qui salissent en ce moment encore ce bas-relief, et dont l'une contient une outrageante injure pour le roi, je copie ci-après celle qui se trouve placée sur la fesse du cheval, noble et digne place, convenablement choisie de tout point :

Dumoulin,
Je lui ai f....
Le 1er cou.

Au-dessous se trouve la signature, formée d'un groupe de lettres entrelacées, où l'on distingue les initiales J. B. D. se terminant en paraphe.

J'ai dû abréger un mot grossier, par respect pour le lecteur ; mais, fidèle narrateur, j'ai conservé l'abréviation volontaire ou accidentelle du mot qui termine la troisième ligne, où il ne paraît pas possible qu'une lettre ait été effacée. Les caractères sont d'ailleurs tracés avec beaucoup de netteté.

Il suffit d'attacher de pareils actes au pilori de l'histoire pour infliger à leurs auteurs le juste châtiment qu'ils méritent.

Ce n'est pas sans motifs sérieux que j'accuse les chefs des sociétés secrètes d'avoir poussé le peuple au pillage, à la dévastation, à l'incendie des résidences royales. Cette atroce pensée avait un but profond, qui s'est révélé dans plus d'un de leurs discours.

« A quoi servent tous ces amas de pierres sculp-
« tées ? » me disait l'un de leurs coryphées, admis depuis dans l'édilité parisienne avec huit mille francs de traitement : « Je voudrais voir tous ces
« édifices rasés, et le terrain sur lequel ils sont as-
« sis cultivé en haricots ou en pommes de terre.
« Voilà du moins un emploi utile ! — Et les mu-
« sées ? — Les musées également. Tout cela ne sert
« qu'à tyranniser et appauvrir le peuple. »

Mais, voici quelque chose de plus direct, de plus formel. Lorsque l'incendie menaça le palais des Tuileries, un officier de pompiers vint prévenir Caussidière et lui demander ses ordres. Le nouveau préfet de police répondit, dans ce langage grossier qui était à son usage :

« Qu'est-ce que ça me f... à moi!... Laissez-les « brûler. Il n'y aura plus à Paris de repaire à ty-« rans. »

V.

L'hôtel des Invalides civils. — Le garçon lampiste. — L'autographe du prince de Joinville. — Détails sur le mobilier de la couronne.

———

Sans prétendre me constituer l'apologiste des hommes qui ont occupé les Tuileries pendant treize jours, je reconnaîtrai néanmoins que, sous leur régime, il s'y est passé moins de choses fâcheuses qu'on ne l'a dit et qu'on aurait pu le craindre. Les plus turbulents furent expulsés dès le début par leurs camarades, qu'ils auraient pu compromettre, ou bien ils se retirèrent d'eux-mêmes. Le prétendu bal aux Vésuviennes dont parle M. Chenu n'a jamais eu lieu, et aucune orgie scandaleuse ne peut être reprochée aux derniers de ces gardiens.

Le nombre des postes, qui était d'abord de quarante-six, et dont l'effectif formait alors environ cinq à six cents hommes, se réduisit successivement jusqu'au chiffre de seize, formant un nombre total de deux cent quatre-vingt et un hommes. En voici le détail, tel qu'il existait à la date du 6 mars, veille du jour où ils remirent le service à la garde nationale, qui, je dois le rappeler, n'était pas venue le réclamer au moment où son intervention eût été le plus efficace, mais non pas sans quelque danger.

1° Le Pont-Tournant, au bout du jardin...	30 hommes.
2° Le guichet de la rue de l'Échelle......	44
3° La Régie........................	5
4° Pavillon du comte de Paris..........	10
5° Le Théâtre......................	22
6° N° 8, entre le Théâtre et l'Horloge.....	26
7° N° 8 *bis*, au delà du n° 8.............	14
8° Pavillon de l'Horloge, à droite........	8
9° Idem à gauche........	10
10° Appartements du duc de Saxe-Cobourg.	12
11° Idem de la princesse Clémentine.	8
12° Pavillon de la Reine................	10
13° Salon de stuc	25
14° Salon des aides de camp (la *Fraternité*)..	36
15° Appartements de madame Adélaïde.....	15
16° Auprès de l'état-major du commandant.	6
Total..........	281 hommes.

Plusieurs de ces hommes portaient la croix de Juillet, et quelques-uns celle de la Légion d'honneur. Ils formaient d'ailleurs, quant à leurs professions, une réunion des plus bizarres. On y comptait des marchands de curiosités, des ébénistes, des peintres, des serruriers, des vendeurs de contre-marques, quelques commis aux écritures, des horlogers, des escamoteurs, des casseurs de cailloux, des charcutiers, des vitriers, des vidangeurs, des équarrisseurs, des cambreurs, des miroitiers, des crieurs de journaux, des récureurs d'égouts, des maçons, des couvreurs, des charpentiers, des cordonniers, des tailleurs, des typographes, des cuisiniers, des coiffeurs, des destructeurs de rats, des éleveurs d'asticots, etc.

Le poste du pavillon du comte de Paris était en grande partie composé de serviteurs de la famille royale, dont le dévouement s'était consacré à cette œuvre de conservation, et l'on doit regretter que le nombre n'en ait pas été plus considérable.

La nourriture des hommes de ces différents postes était assurée à raison d'une fourniture quotidienne d'un kilogramme de viande, d'un kilogramme de pain et d'un litre de vin pour chacun d'eux.

Le remplacement de ces forces irrégulières par la milice citoyenne ne se fit pas sans quelques difficultés; il y eut un moment où l'on put craindre une sanglante collision. Un grand nombre de ces hommes entrèrent plus tard dans les gardes du corps de Caussidière, sous le commandement du trop célèbre Pornin.

Les surveillants et adjudants du palais reprirent alors leur service, qui était indispensable, dans le jardin surtout.

La résolution d'affecter les Tuileries aux *Invalides civils*, comme on voulut bien les appeler, paraît avoir été prise dès le 26 février, jour où les premiers malades y arrivèrent. On les plaça d'abord dans une salle provisoire; mais le surlendemain, les plus grands salons du palais, depuis la salle des maréchaux jusqu'au pavillon de Flore, furent disposés pour recevoir cent lits qu'on fit venir de l'hôpital militaire du Val-de-Grâce.

Il y eut, dit-on, dans cette mesure une pensée de conservation autant qu'une pensée démocratique. On savait tous les désordres dont les Tuileries avaient été le théâtre; on voulait en éviter de nouveaux, et peut-être ce résultat fut-il atteint par l'inscription assez ridicule, et parfaitement inexacte du reste, dont cette portion du palais fut ornée.

Et en effet, on sait très-bien aujourd'hui à quoi se réduit le nombre des véritables *blessés de février*, à plus forte raison celui des *invalides*. Dans les premiers jours, une foule considérable se présenta pour occuper les places consacrées aux *héros* malheureux de ces déplorables journées; mais les blessures y étaient rares, et la plupart des patients étaient atteints des affections les plus étrangères aux événements qui venaient de se passer. Il s'y trouvait beaucoup de maladies honteuses, ou de maladies chroniques qu'on était jaloux de faire traiter dans un palais, au milieu des restes d'une magnificence qui n'avait pas totalement disparu.

Malgré le petit nombre des engagements, et par conséquent des blessés qui se trouvèrent dans les rangs du peuple, il vint donc une grande affluence de prétendants, et l'on se fit plus tard un titre des soins reçus dans cet hospice tout spécial, pour aller à la commission des récompenses nationales, concurremment avec les malfaiteurs dont j'ai parlé, punis par la justice pour des crimes auxquels la politique était complétement étrangère, se présenter comme les martyrs de la liberté.

Ces hôtes étranges furent somptueusement traités

dans le palais des rois, et ceux qui y sont décédés ont eu des funérailles de maréchaux. Les mêmes honneurs accompagnèrent les dépouilles mortelles de tous les malades qui succombèrent, quelle que fût leur maladie. L'anecdote suivante, dont l'exactitude m'a été affirmée, contient, à cet égard, de curieux détails.

Un garçon lampiste, dont je pourrais dire le nom, avait reçu un léger coup de baïonnette à l'épaule gauche; le chirurgien chargé de lui donner des soins n'attachait que peu d'importance à cette égratignure, qu'il croyait devoir se fermer au bout de quelques jours. Cependant la plaie restait stationnaire; le malade s'affaiblissait, refusait toute espèce de nourriture, chose étrange, et c'était avec une extrême difficulté qu'il parvenait à digérer quelques bouillons.

Le docteur pensa qu'il y avait là quelque chose d'extraordinaire, quelque mal caché que le sujet refusait de lui avouer. A toutes ses questions, à toutes ses instances, le patient répondait qu'il n'avait d'autre mal que sa blessure.

Enfin, au bout d'une quinzaine de jours, le malade succomba à la suite d'une suffocation, et le docteur, avant de livrer le corps à M. Gannal, voulut en faire l'autopsie, comptant bien découvrir quelques-unes de ces mystérieuses lésions dont la description élargit le cercle de la science.

Il trouva effectivement le pylore presque entièrement bouché..... par un gros diamant, monté à pointes et à fleurons, que le lampiste n'avait pas eu le temps d'isoler de sa garniture et qu'il avait avalé précipitamment, pour soustraire son larcin à tous les regards. « Ah! s'écria le chirurgien dans « son enthousiasme scientifique, je savais bien « qu'il devait y avoir là quelque chose d'anormal!»

On recommanda le secret; les malins dirent que la blessure s'était compliquée de *la pierre*, et cette *victime de février* fut conduite à Saint-Germain l'Auxerrois, en passant sous l'arc de triomphe du Carrousel, avec les honneurs militaires que ces héros se prodiguaient entre eux.

Les malades de février continuèrent à occuper les Tuileries jusqu'au 21 juin 1848, jour où l'on évacua ceux qui n'étaient point encore totalement guéris sur la maison de santé du docteur Dubois. Ils étaient en pleine convalescence, puisqu'ils purent s'y rendre à pied.

Quatre jours plus tard, leurs places aux Tuileries échurent aux blessés de juin, qui y restèrent jusqu'aux premiers jours de septembre, après quoi on les transféra à l'hôpital militaire du Gros-Caillou.

Les Tuileries servirent donc d'asile, de splendide hospice aux sectaires qui s'étaient levés POUR, et aux braves gens qui avaient combattu CONTRE la république pur sang des hommes de février, c'est-à-dire aux simples démocrates comme aux farouches démagogues qui voulaient nous gratifier de la SOCIALE.

Depuis que ces témoins vivants de nos discordes civiles ont évacué le palais, on s'est efforcé d'effacer, autant que possible, les traces funestes qu'y avait laissées la tourmente révolutionnaire. La tâche était laborieuse, mais les soins vigilants qui y ont été apportés ne sont point restés infructueux. Les travaux effectués pour approprier les Tuileries à l'exposition de peinture, en 1849, n'ont pas été sans efficacité pour la restauration, incomplète pourtant, que tant de dévastations avaient rendue nécessaire. Néanmoins, les choses sont actuellement dans un état tel, que le palais, en y apportant un mobilier convenable et les tentures dont il est dépourvu, serait promptement rendu habitable; et si mes vœux pouvaient y contribuer, son attristante solitude aurait bientôt cessé.

Ce que je vais raconter n'a aucun rapport direct avec les invalides civils des Tuileries; mais sa place se trouve marquée à la suite des détails qui les concernent, puisque c'est du médecin qui était de service près de ces malades, le jour où le fait s'est passé, que j'en tiens le récit.

Vers le milieu du mois de juin, ce médecin fut prévenu qu'une dame demandait à lui parler en secret; il s'empressa de la faire introduire dans le cabinet du palais où il donnait ses audiences particulières.

— « Docteur, lui dit-elle, je vous sais un homme
« d'honneur et d'excellents sentiments. Veuillez
« me promettre le secret sur la démarche que je
« fais auprès de vous; promettez-moi aussi d'ac-
« cueillir favorablement la demande que j'ai à vous
« adresser, qui ne peut en rien vous compromet-
« tre. » — Le docteur s'inclina en signe de consen-

tement, comme doit faire en pareil cas tout galant et courtois chevalier.

— « Je suis ancienne dame d'honneur d'une de
« ces infortunées princesses qui gémissent actuel-
« lement dans l'exil, et j'ai le plus impérieux désir
« de revoir encore une fois le salon où, chaque
« soir, elles se réunissaient pour travailler en famille
« auprès de leur auguste mère, la reine des Fran-
« çais, autour d'une table ronde où chacune d'elles
« avait son tiroir.

« Ces tiroirs sont vides, sans nul doute; ce
« n'est donc pas de ce qu'ils contenaient que je
« suis inquiète; mais je voudrais m'assurer si le
« dessus de la table porte encore les traces d'une
« circonstance au souvenir de laquelle j'attache un
« bien grand prix ! »

Le docteur s'inclina de nouveau, et se hâta de satisfaire à cette singulière demande, en conduisant madame D*** dans le salon où elle désirait entrer : mais il fut bien autrement surpris quand il eut reconnu les traces, parfaitement intactes, dont la recherche excitait une si vive sollicitude.

Il apprit alors qu'un soir, peu de temps avant le dernier départ du prince de Joinville pour l'Algérie, cette dame assistait à la réunion habituelle de la famille royale, et que Sa Majesté la reine y donnait en travaillant, à ses augustes belles-filles, quelques-uns de ces conseils inspirés par son cœur maternel sur les soins dont il fallait entourer leurs jeunes enfants, et sur leurs affaires domestiques.

Toutes l'écoutaient attentivement, avec la déférence et le respect dus à ces discours empreints de la plus touchante bonté.

M. le prince de Joinville, qui se trouvait assis à côté de la princesse Juanita, son épouse, prêtait également une grande attention à ces paroles, qui l'avaient d'autant plus frappé qu'il s'agissait de ses enfants. Il s'était emparé d'une paire de ciseaux, avec la pointe desquels sa main traça instinctivement quelques lignes sur le bord en acajou qui encadrait le tapis vert de la table. Il s'agissait précisément de vérifier si ces lignes avaient été conservées.

Elles se retrouvèrent parfaitement intactes à la place indiquée, portant d'ailleurs en elles-mêmes une infaillible sauvegarde, qui avait dû les préserver, ainsi que la table entière, de toute mutilation de la part des envahisseurs du palais. C'était le premier couplet de la Marseillaise : « *Allons enfants de la patrie*, » que M. le prince de Joinville, préoccupé de ce qu'on disait de ses enfants, avait écrit sur ce rebord tout en écoutant son auguste mère.

— « Voyez, docteur, s'écria madame D***, quelle
« éclatante manifestation des sentiments patrioti-
« ques de ce bon prince, qui s'est si noblement
« conduit à Alger, ainsi que son frère le duc d'Au-
« male, quand ils apprirent les funestes événe-
« ments qui les précipitaient des marches du trône!
« De grâce, permettez-moi d'enlever la feuille d'a-
« cajou qui porte cette inscription, autographe

« précieux pour tous ceux dont le dévouement à
« cette vénérable famille survit aux désastres qui
« l'ont frappée! »

Le docteur eut toutes les peines du monde à faire comprendre à sa noble interlocutrice, qui s'était munie des instruments nécessaires à l'accomplissement de son projet, qu'il ne pouvait se prêter à cette pieuse soustraction, et que c'était à d'autres que lui qu'elle devait s'adresser si elle tenait absolument à enlever l'inscription, si curieuse d'ailleurs, à la recherche de laquelle elle s'était mise avec tant d'ardeur.

Cette dame craignit sans doute de se compromettre sans succès, ou peut-être ses démarches furent-elles infructueuses, car je me suis assuré que la table de travail de la reine est restée, jusqu'après l'entière évacuation du palais par les malades de juin, dans l'état où elle se trouvait au moment de la scène singulière que je viens de raconter. Le couplet de la *Marseillaise*, tracé sur le bord, a été effacé par l'un des ouvriers chargés de mettre en état les meubles restés à peu près intacts dans cette partie des appartements. Cet ouvrier a très-probablement ignoré qu'il détruisait l'un des plus rares autographes que jamais une main princière ait écrits.

J'aurais voulu pouvoir réunir les éléments d'une évaluation, offrant quelque exactitude, des pertes mobilières que la révolution de février 1848 a fait éprouver au roi Louis-Philippe, au détriment de sa fortune particulière ; mais les éléments d'un semblable travail n'existent même pas encore en ce moment d'une manière certaine. Ces pertes ont à la fois porté sur les objets appartenant spécialement au *domaine privé*, et sur d'autres dépendant de *la liste civile*. Ceux-ci comprenaient d'ailleurs des produits d'améliorations ou d'augmentations opérées, dans cette partie du mobilier, pendant toute la durée du règne du roi : ce qu'on appelle *la plus-value*. Or, *la plus-value* constitue aussi une propriété particulière, le roi n'étant responsable que des valeurs inventoriées aux termes de la loi du 7 mars 1832, et qui s'élevaient à la somme de 9,176,111 fr.

En l'absence d'une portion des documents nécessaires à l'appréciation *exacte* de cette nature de dommage, je vais rassembler quelques données d'une évaluation approximative.

Pour donner une idée de l'importance de ces pertes, et de la longueur du travail à faire pour les connaître, il suffit de se reporter au rapport présenté à l'Assemblée nationale par M. Mortimer-Ternaux, au nom de la commission chargée d'examiner le projet de loi portant demande des crédits nécessaires, tant pour payer les frais à la charge de l'État du récolement à établir, que pour la construction des nouveaux magasins où le mobilier provenant de la liste civile devra être déposé. Je crois utile de citer quelques passages de ce document, que peu de personnes ont été en situation de connaître, et qui contient d'ailleurs quelques détails pleins d'intérêt.

Aux termes de la loi du 7 mars 1832, qui a constitué la liste civile de l'ancien règne, il a été dressé un inventaire descriptif de tous les meubles contenus dans l'hôtel du Garde-Meuble et dans les divers palais. *Ceux de ces meubles susceptibles de se détériorer par l'usage ont été estimés*, et le résumé des inventaires constate qu'il en a été remis à l'administration de la liste civile, en 1832, pour une valeur de 9,176,111 fr. 20 cent.

Cette somme, on le sait, ne comprend pas l'estimation des meubles qui étaient la propriété personnelle du roi.

Les meubles inventoriés n'ont jamais cessé d'appartenir à l'État. Les réparations de toute nature étaient à la charge de la liste civile, qui en avait la jouissance usufruitière telle qu'elle est réglée par le Code civil.

« Le récolement devra constater l'existence de
« tous les meubles portés aux inventaires de 1832,
« et la liquidation devra tenir compte à l'État de
« tous ceux qui ne seraient pas représentés. Mais,
« depuis 1832, la liste civile a acheté, ou fait con-
« fectionner dans les ateliers qu'elle entretenait à
« la rue Bergère et dans les manufactures de Sè-
« vres, des Gobelins et de Beauvais, une très-
« grande quantité de meubles. Ils ont été payés des
« deniers de la liste civile, ils lui appartiennent
« en toute propriété. Ces meubles constituent ce
« qu'on appelle la *plus-value*. Ce sont, pour la
« plupart, ceux qui ornent les pièces principales
« des palais nationaux, et surtout les pièces que le

« public est admis à visiter. On s'en est servi pour
« meubler en partie le palais de l'Elysée; d'au-
« tres ont été apportés, en 1848, dans le palais
« de l'Assemblée, et ornent plusieurs salons de
« la Présidence. S'il fallait aujourd'hui enlever ces
« meubles pour les rendre à la liquidation de la
« liste civile, on désornerait ces palais, on se pri-
« verait de meubles souvent appropriés à la place
« qu'ils occupent, et on ne pourrait les remplacer
« qu'à très-grands frais. »

Après avoir démontré la nécessité et la haute équité d'une transaction, sanctionnée par l'Assemblée, qui fasse passer à l'État la propriété de cette plus-value, le rapporteur fait connaître quelle doit être la destination des crédits demandés par M. le ministre des travaux publics. Celui qui s'applique à la portion des frais de récolement et d'inventaire, à la charge de l'État, s'élève à 50,000 fr., dont :

25,200 fr. destinés à payer le personnel chargé d'établir sur place la minute des inventaires; 6,000 fr. pour l'achat de deux cents volumes destinés à contenir la copie en double expédition de ces inventaires; 6,000 fr. pour la confection de ces deux copies, et 2,800 fr. pour frais imprévus.

« Le crédit demandé n'est pas trop élevé, lors-
« qu'on songe que trois cent soixante-dix regis-
« tres, déposés à l'administration centrale et arrê-
« tés en 1848 par les inspecteurs des finances, ne
« contiennent pas moins de 191,311 articles;
« que sous un même numéro ou article figurent
« souvent toutes les pièces d'un ameublement.

« Sur ces 191,311 articles, 80,000 se trouvaient,
« en mars 1848, dans les magasins de la rue Ber-
« gère. Ces 80,000 articles s'appliquent à des meu-
« bles de toute espèce, depuis les plus riches jus-
« qu'aux plus humbles. Ces meubles peuvent se
« diviser ainsi :

« 1° Mobilier des fêtes et cérémonies publiques;

« 2° Meubles qui ont un certain caractère artis-
« tique ou une valeur historique;

« 3° Matières premières ou étoffes qui n'ont ja-
« mais été employées;

« 4° Meubles qui, par leur peu de valeur ou leur
« état de vétusté, se rapprochent beaucoup de ceux
« qui se trouvent dans le commerce.

« Le Garde-Meuble renferme aussi des objets
« d'une certaine valeur artistique et historique.
« M. le ministre des travaux publics vous propose
« de les transporter tous au palais de Trianon, et
« de former de ce palais une annexe du Musée na-
« tional de Versailles. Il vous demande pour cet ob-
« jet un crédit de 50,000 fr., dont 14,000 seraient
« affectés à l'établissement de tables, consoles et
« armoires vitrées, dans les appartements du Grand-
« Trianon, et 36,000 fr. pour construire, entre les
« deux Trianons, un bâtiment destiné à recevoir
« tous les objets précieux ou historiques qui ont
« trait à l'industrie de la sellerie et de la carrosserie.

« Une partie de ces derniers objets est, dans ce
« moment, exposée au public sous deux portiques
« du Musée de Versailles, et attire un grand nom-
« bre de curieux ; mais cette place est mal choisie.

« Le public ne peut circuler que très-difficilement
« autour de ces voitures, d'une richesse et d'un tra-
« vail remarquables; il peut à peine apercevoir les
« statues qui ornent les portiques. Ces voitures,
« soumises incessamment à l'influence du froid et
« de l'humidité, ne pourraient manquer de se dé-
« tériorer dans un temps très-rapproché; elles ne
« sont d'ailleurs qu'une très-faible partie des ri-
« chesses de ce genre qui appartiennent au mo-
« bilier national. Le Garde-Meuble possède une
« collection très-précieuse de selles et de harna-
« chements turcs et arabes, donnés en présents à
« l'empereur, à Charles X, à Louis-Philippe. Tous
« ces objets, que votre commission a visités avec
« le plus grand intérêt, ne peuvent être exposés
« aux regards du public que dans un bâtiment
« aménagé exprès, sur les parois duquel ils seraient
« exposés avec goût et symétrie. Au centre seraient
« placés les voitures, les traîneaux et les autres
« objets d'un grand volume. »

Dans la dernière partie de ce rapport, dont je n'ai pu reproduire que quelques extraits, M. Mortimer-Ternaux estime encore à 15 millions la valeur intrinsèque de tout ce mobilier. Aux 191,311 articles qui se trouvaient en mars 1848 dans les châteaux et dans les magasins de la rue Bergère, il faut ajouter, dit-il, le mobilier dit *de la bouche*, c'est-à-dire l'argenterie, la verrerie, les cristaux, le linge, etc.; c'est ainsi qu'il arrive au chiffre de 15 millions, comprenant à la fois des valeurs appartenant à la liste civile et au domaine privé.

J'ai cité, sans en interrompre le cours, les passages du rapport de M. Mortimer-Ternaux que j'ai cru essentiel de reproduire, en les groupant; mais j'ai à relever quelques inexactitudes dans lesquelles l'honorable représentant est tombé, faute sans doute de renseignements suffisants.

Ainsi, pour ce qui concerne les belles voitures qu'il propose de réunir à Trianon, c'est à tort qu'il les désigne comme faisant partie du *mobilier national*. Toutes ces voitures et leurs magnifiques harnais sont bien réellement la propriété du roi Louis-Philippe, qui, par un sentiment de haute convenance facile à apprécier, en fit faire l'acquisition en 1831 à la vente des objets appartenant à Sa Majesté Charles X. Il ne voulut pas laisser dégrader ou détruire ces rares produits de l'industrie carrossière, auxquels se rattachaient d'ailleurs des souvenirs historiques, et dont une portion était vouée à la démolition par la bande noire des ferrailleurs, afin de recueillir l'or qui garnissait leurs panneaux en couches d'une grande épaisseur.

Au nombre de ces voitures se trouve celle qui avait servi à Reims, au sacre de Charles X, le 29 mai 1825; véritable chef-d'œuvre d'art qui n'avait pas coûté moins de 325,000 fr. Les journaux du temps en ont donné la pompeuse description. Le roi la fit pousser aux enchères jusqu'à 90,000 fr., et depuis, il y fit faire pour 9,858 fr. de réparations.

On y voit aussi la berline de baptême de M. le duc de Bordeaux, dont tous les panneaux étaient décorés d'amours et de génies peints par les plus célèbres artistes, et dignes de figurer au musée. Cette voiture était estimée de 50 à 60,000 fr.

Enfin on y admire encore l'élégante et magnifique calèche, en paillon moiré vert, dans laquelle l'impératrice Marie-Louise fit son entrée à Paris à l'occasion de son mariage avec le grand homme.

Voici les noms des douze voitures de cérémonie qui ont été ainsi achetées par le roi :

Le Sacre.	La Turquoise.
La Couronne.	La Cornaline.
Le Baptême.	L'Améthyste.
La Victoire.	La Perle.
La Brillante.	L'Opale.
La Topaze.	La Modeste.

L'Opale et la *Modeste* n'existent plus. La première a été donnée par le roi au bey de Tunis, en 1845. La seconde avait été affectée, dès 1832, au service du prince royal, lorsqu'il monta sa maison.

La calèche de l'impératrice Marie-Louise, à laquelle aucun nom n'a été donné, est à ajouter à ce nombre.

Toutes ces voitures étaient garnies de fourreaux de flanelle. On les chauffait pendant les temps humides de l'hiver, et un vieux serviteur était uniquement occupé à leur conservation.

Jamais le roi n'est monté dans aucune d'elles. Deux servaient seulement de temps à autres; elles étaient affectées aux présentations diplomatiques, lorsque le roi envoyait prendre et reconduire à leurs hôtels les ambassadeurs accrédités près de lui, les jours de leur première réception. La voiture de l'ambassadeur était attelée de huit chevaux, et celle des secrétaire de légations de six chevaux seulement.

J'ignore sur quelles bases a opéré M. Mortimer-Ternaux pour arriver au chiffre de 15 millions, auquel il estime les valeurs mobilières intactes appartenant *à la liste civile* et *au domaine privé*. En attendant qu'un travail plus certain que cette évaluation hypothétique ait été fait, ce qui serait facile, je vais poser quelques chiffres qui pourront donner l'idée des richesses sur lesquelles les pillards et les destructeurs de février ont exercé leur coupable industrie. La plus value appartenant au Roi, je réunirai dans cette note, qui n'est point un *compte*, les sommes concernant la liste civile à celles qui sont spéciales au domaine privé.

On a vu, par le rapport de M. Mortimer-Ternaux, que le mobilier provenant de la liste civile, et *susceptible d'estimation*, produisit, en 1832, une somme totale de......	9,176,111 fr.
Les objets de même nature, appartenant au domaine privé, avant l'avénement du roi Louis-Philippe au trône, le linge, l'argenterie, les livres, tableaux, etc., constituent aussi une valeur très-considérable, qui m'est inconnue, et que je porte ici pour *mémoire*..........	*mémoire*.
Pendant la durée du règne, la direction du mobilier a dépensé une somme totale de 13,604,500 fr.; dans ce chiffre se trouvent compris les traitements, gages et indemnités, qui ne s'élèvent pas à moins, pour le personnel, de 2,598,750 fr. Il resterait donc une somme de 10,616,750 fr., dont une portion	
A reporter...............	9,176,111 fr.

Report..................	9,176,111 fr.

doit être appliquée aux dépenses d'*entretien*, et le reste à la plus-value du *mobilier* proprement dit. On ne peut pas évaluer cette dernière portion à moins de 8,000,000........ 8,000,000

Total..................	17,176,111 fr.

Mais le roi a fait bien d'autres dépenses en addition aux valeurs mobilières de sa fortune, et qui pourtant n'étaient pas classées dans les attributions de la direction du mobilier. En voici le relevé exact, pour toute la durée du règne :

Acquisitions et commandes de tableaux.... 6,125,000 fr.

Une portion de ces tableaux n'a été livrée qu'après la révolution, et un plus grand nombre a été soldé par la liquidation du domaine privé.

Achats de marbres statuaires...........	350,000
Achats et reliure de livres..............	2,730,000
Orangers et entretien des caisses........	1,050,000
Linge.............................	2,356,447
Argenterie.........................	912,575
Batterie de cuisine...................	1,113,692
Cristaux...........................	272,986
	14,910,700 fr.

A ces sommes il faut ajouter les dépenses des manufactures royales, dont les produits étaient affectés à l'ornement ou au service des palais et châteaux royaux.

Il a été dépensé, en achats de matières premières, pour Sèvres, les Gobelins et Beauvais................................. 1,575,000

Les dépenses du *personnel*, qui se composent des appointements, indemnités, salaires et frais de main-d'œuvre, s'élèvent à........ 11,112,622

Total..................	27,598,322 fr.

8.

« Si l'on déduit par approximation de cette somme énorme, et encore incomplète pourtant, 7,598,322 fr. pour dépréciation, usure, casse, etc., on verra que je suis très-modéré en évaluant l'accroissement de valeur à......... 20,000,000

L'addition des deux sommes donnerait déjà 37,176,111 fr., et non pas seulement 15 millions.

Si le chiffre donné par M. Mortimer-Ternaux était exact, la perte mobilière résultant des journées de février excéderait donc de beaucoup vingt-deux millions, car il faudrait y ajouter le prix des vins pillés ou perdus aux Tuileries, au Palais-Royal et à Neuilly, la dépréciation des chevaux et voitures vendus à vil prix, etc. Tout cela forme, si l'on y joint le montant des pertes immobilières à Neuilly et à Villers, une somme tellement énorme, que je recule devant la tâche pénible de la déterminer aujourd'hui, même par approximation.

J'établirai plus tard, et je préciserai d'une manière certaine, dans le travail tout spécial dont je m'occupe, les reprises que le domaine privé peut avoir à exercer contre l'État pour la *plus-value* et pour les dommages. Je répondrai en même temps aux contes inventés à plaisir par M. le député et représentant du peuple Lherbette, sur les prétendues *coupes sombres*. J'attendrai, pour clore ce travail, le résultat des comptes du séquestre et de la liquidation qui seront fournis, sans doute, par M. Vavin, et je me fais fort de démontrer que, loin d'administrer sa fortune particulière et la liste civile avec *avarice*, comme l'ont prétendu ses détracteurs, le roi Louis-Philippe l'a fait avec magnificence, au détriment de ses intérêts particuliers.

Un mot, en finissant, sur l'organisation du service du mobilier dans la maison du roi et dans les châteaux royaux.

La direction du *mobilier de la couronne* était confiée à M. Germain Delavigne, frère du célèbre poëte Casimir Delavigne. Le personnel des bureaux comprenait dix-neuf chefs et employés. Le nombre des ouvriers attachés aux ateliers centraux de la rue Bergère était de cinquante-huit. Les chefs, sous-chefs, tapissiers, lustriers, etc., répartis dans les châteaux royaux, qui tous avaient leur personnel spécial, s'élevaient au nombre de quarante-six. — C'était donc un personnel total de cent vingt-trois employés permanents, de toute nature, indépendamment de vingt-cinq à trente ouvriers pris à la journée pour les ateliers de confection.

Les travaux effectués directement aux ateliers du mobilier de la couronne n'empêchaient pas les commandes faites en ville, à huit ou dix tapissiers et fabricants, pour les ameublements neufs.

Chaque résidence royale avait, indépendamment des meubles meublants, des ornements et objets d'art dont elle était garnie ou décorée, un service complet en linge, argenterie, cristaux, porcelaines, batterie de cuisine, etc. L'inventaire spécial de tous ces objets, pour chaque résidence, avait été établi en double, et chacun des employés chargés d'un service quelconque en possédait un extrait.

Il était donc facile, mais il devait être très-long,

vu l'immensité des détails, de faire le récolement de tout ce qui existe encore et l'état des manquants; mais M. Vavin n'aurait réellement rien liquidé s'il n'avait fait établir le travail que j'indique. Depuis deux ans et demi, il occupe quarante ou cinquante employés : il a donc dû mettre tout parfaitement en règle.

VI.

Le trésor et les diamants de la couronne. — Madame la duchesse d'Orléans partant pour la chambre des députés. — Le bureau des secours.

Le trésor de la couronne était placé dans l'aile du palais qui longe la rue de Rivoli, entre le guichet qui est vis-à-vis de la rue de l'Échelle et celui qui se trouve presque en face de la rue Saint-Nicaise. La porte d'entrée s'ouvrait sur le Carrousel. Les bureaux et la caisse étaient au rez-de-chaussée; au premier étage logeait le trésorier, M. de Verbois. L'entresol appartenait à un autre service dont j'aurai à parler tout à l'heure; son entrée était séparée.

M. de Verbois avait à sa garde des valeurs très-considérables, dont l'ensemble s'élevait à plus de 26 millions; elles se composaient :

1° Des diamants de la couronne, estimés 21 millions;

2° Du portefeuille, contenant au delà de 4 millions de valeurs diverses;

3° D'une somme de 331,000 fr. en billets de banque, et de plus 42,000 fr. en écus, dont 8,000 fr. se trouvaient dans sa caisse particulière;

4° Des bijoux de la princesse de Joinville, qui lui avaient été confiés avant le départ du prince et de la princesse pour Alger;

5° Des titres, inscriptions de rentes, billets de banque et diamants appartenant particulièrement au roi, à la reine, aux princes et princesses, remis, à titre de dépôt, à la garde du trésorier, et qui représentaient aussi une très-forte somme dont j'ignore l'importance exacte.

Il ne paraît pas que personne se soit inquiété à l'avance des moyens de préserver ces valeurs du pillage, auquel elles n'ont échappé, en presque totalité, que par une espèce de miracle. On n'a point même songé, ayant des sommes aussi considérables sous la main, à y chercher ce qui était nécessaire au départ de la famille royale, pour lequel des préparatifs avaient été prescrits aux écuries dès huit heures du matin; et pourtant, le voyage eût-il dû se borner à Saint-Cloud ou à Trianon, encore était-il indispensable d'emporter une certaine somme d'argent. Des préoccupations plus sérieuses empêchèrent sans doute de songer à ces détails, d'une si vulgaire mais si essentielle importance.

Les observations qui ont été faites sur les incidents qui se rattachent au trésor de la couronne, dans les tristes événements que je retrace ici, ont engagé M. de Verbois à faire imprimer quelques explications, qui n'ont reçu qu'une incomplète publicité; j'en extrairai les détails les plus intéressants.

Souffrant d'un rhumatisme aigu à l'épaule, qui

le retenait chez lui depuis le 9 février, M. de Verbois affirme n'avoir reçu *aucun avis, aucun ordre, aucune instruction relativement aux mesures qu'il aurait à prendre, dans telles circonstances données, pour mettre en sûreté les valeurs dont il était dépositaire ou comptable.*

Il est pénible de croire à tant d'imprévoyance, alors qu'on savait être sur un volcan.

Les acclamations dont le roi fut salué par les troupes, quand il les passa en revue le 24, à onze heures du matin, sur la place du Carrousel, rendirent à M. de Verbois une confiance que les événements de la veille avaient dû ébranler; mais quand il vit les troupes entrer dans la cour des Tuileries, dont on ferma les grilles, ses inquiétudes revinrent. Alors il s'occupa de mettre en sûreté les dépôts particuliers confiés à sa garde par le roi, la reine, les princes et princesses. M. de Verbois les fit emporter par sa femme, accompagnée d'une femme de chambre, chez une personne amie demeurant rue des Pyramides.

Cette opération terminée, il fit fermer la porte d'entrée donnant sur le Carrousel, et se rendit aux Tuileries par les communications intérieures, afin d'obtenir du général Jacqueminot, qu'il espérait y trouver, un poste de garde nationale pour protéger le trésor.

Il arriva jusqu'au pavillon de Marsan avant d'avoir pu obtenir le moindre renseignement des hommes qu'il rencontra, terrifiés par l'assassinat du malheureux piqueur Hairon, qui venait d'avoir lieu. Le valet de chambre Murville lui dit que madame la duchesse d'Orléans recevait dans le salon rouge, où il trouva effectivement S. A. R. entourée des deux jeunes princes ses fils, de l'amiral Hamelin, de MM. Dupin aîné, de Chabaud-Latour, Boismilon, Régnier et Courgeon, de madame de Vins, de madame Régnier et de son fils.

A ce moment arrivait précipitamment M. Touchard, officier d'ordonnance du prince de Joinville, qui dit avec émotion :

« Madame la duchesse, M. le duc de Nemours
« vous prie de vous rendre de suite au Pont-Tour-
« nant. En passant par la cour, le pavillon de
« l'Horloge et la grande allée du milieu des Tuile-
« ries, il n'y a pas encore de danger; mais il n'y
« a pas un instant à perdre. »

« L'insurrection, ajoute M. de Verbois, arrivait
« alors par la rue de Rivoli, où des coups de fusil,
« des cris tumultueux et menaçants se faisaient en-
« tendre.

« La princesse ne se livra à aucune observation;
« elle se borna à cette simple remarque : *Mais écou-
« tez donc comme l'émeute gronde.* Elle quitta ses
« appartements, puis se dirigea vers le jardin par
« le chemin que lui avait indiqué M. Touchard.

« J'eus l'honneur d'accompagner S. A. R. jus-
« qu'au pavillon de l'Horloge, où l'attendait M. le
« duc de Nemours à cheval à la tête de deux pelo-
« tons d'infanterie, seule troupe qui restait dans
« la cour. »

Madame la duchesse d'Orléans se rendait à la

Chambre des députés. J'ai dit, dans un précédent chapitre, quelle fut l'issue malheureusement infructueuse de cette démarche, qui devait pourtant sauver la monarchie.

M. de Verbois ignorait encore le départ du roi : il voulut retourner à son poste. C'est alors qu'il vit la foule entrer par le guichet de l'Échelle et les postes militaires rendre les armes sans résistance.

Ne pouvant rentrer ni dans l'intérieur du palais ni au trésor, dont la porte extérieure avait été fermée par ses ordres, M. de Verbois se mit à la recherche de sa femme qu'il trouva rue des Pyramides, où il se laissa retenir.

La cave de M. de Verbois, qui contenait quinze cents bouteilles de vin, avait été volontairement ouverte par les gens de chez lui, afin d'empêcher, par cette diversion, les émeutiers de songer à la caisse. L'intelligence et le zèle de ces serviteurs sauvèrent donc très-probablement du pillage le trésor et les richesses considérables qui s'y trouvaient déposées. Les ivrognes se gorgèrent, et donnèrent, par la prolongation de leur séjour dans cette cave, le temps à quelques personnes dévouées de s'organiser pour tenter de sauver le trésor.

Cependant, de l'asile où il s'était réfugié, le trésorier de la couronne voyait une partie des désordres qui s'accomplissaient aux Tuileries. Il aperçut la lueur de flammes qui paraissaient sortir du local affecté à son appartement, et apprit le lendemain au matin leur véritable cause.

Cette cause, la voici :

J'ai parlé d'un entresol qui séparait les bureaux et les caisses du trésor de l'appartement du trésorier, et qui avait une entrée séparée.

Une porte mystérieuse, donnant accès à l'escalier qui menait à cet entresol, s'ouvrait sous le guichet conduisant à la rue Saint-Nicaise, du côté opposé à la porte d'entrée du logement affecté au commandant en chef de la garde nationale de Paris, pratiquée sous ce même guichet.

Cette issue n'était connue que de peu de personnes dans la maison du roi ; mais elle était familière à tous les infortunés qui avaient sollicité des secours de la munificence royale. C'était par là qu'on arrivait au *bureau des secours*, dirigé par M. de Chevigny, et dont l'unique ameublement se composait de tables à écrire, de casiers, de cartons contenant une foule de dossiers, et de quelques registres. Les archives, contenues dans ce discret réduit d'une charité bienveillante, avaient sans doute une grande importance aux yeux de quelques personnes, car, malgré tant de motifs qui auraient dû le préserver de l'irruption des barbares, il fut envahi des premiers, et c'est un de ceux qui subirent le plus de dévastations. Tous les dossiers, tous les livres de cette comptabilité de miséricorde furent lacérés et brûlés sur la place du Carrousel, dans la rue de Rivoli et jusque dans la rue Saint-Nicaise.

Il y avait certainement, parmi ces spoliateurs, des gens personnellement intéressés à faire disparaitre les traces des actes de la bienfaisance royale.

Les dossiers étant classés par ordre alphabétique, c'est aux lettres initiales qui les concernaient sans doute qu'ils s'adressaient de préférence, et l'on m'a cité l'un d'eux qui vint spécialement choisir, pour la jeter au feu, la liasse marquée d'un D, sans s'inquiéter des autres.

Un grand nombre de ces charités avaient eu pour objet de chauds républicains, des écrivains et des journalistes qui ont figuré, depuis 1848, au rang des plus ardents du parti. Ces mystérieux papiers contenaient aussi les demandes formées par des artistes nécessiteux, par des gens en place qui protestaient alors de leur dévouement absolu au roi et à *son impérissable dynastie*. On y remarquait enfin un grand nombre d'apostilles curieuses, et des noms appartenant à l'opposition d'alors.

Le feu a dévoré tous ces autographes compromettants, et qu'il eût été piquant de représenter aux signataires; mais on y mit bon ordre. Je rappellerai seulement ici que les dons, secours, aumônes et bienfaits du roi et de la reine figurent, sur les registres de l'intendance de la liste civile, pendant toute la durée du règne, pour la somme considérable de 16,418,315 fr., non compris les actes *de munificence royale*, qui s'élèvent à 5,606,091 fr.

Les secours distribués au compte particulier du prince royal, de madame la duchesse d'Orléans, de madame la princesse Adélaïde, formaient ensemble une somme *annuelle* de 4 à 500,000 fr. qui vient s'ajouter aux deux autres.

Voilà quel était ce roi qu'on disait avare, cette

famille qu'on a tant calomniée! On admire beaucoup la loi musulmane, qui oblige tout vrai croyant à donner annuellement aux pauvres le dixième de son revenu; on voit que la bienfaisance de nos princes excédait de beaucoup cette proportion.

Je reviens au trésor et aux diamants.

Un simple employé, M. Lacour, était venu au Carrousel à quatre heures. A la vue des forcenés qui couvraient la place, il craignit pour les valeurs importantes déposées au trésor de la couronne. Il courut chez M. Schefer, caissier central, rue Jacob. Afin d'éviter une perte de temps, M. Schefer, alors peu ingambe, confia la clef de sa caisse à son fils, âgé de dix-huit ans.

A l'arrivée de ce jeune homme au trésor, on s'empressa de procéder, *en présence de plusieurs témoins inconnus les uns aux autres*, à l'ouverture de la caisse; on en retira pour 331,000 fr. de billets de Banque qu'il s'agissait de mettre à l'abri de toute spoliation.

On délibéra pour savoir s'il ne serait pas possible d'emporter en même temps le numéraire, qui s'élevait à 34,000 fr.: un des assistants opina affirmativement, et, à l'effet d'appuyer d'exemple son avis, il prit deux sacs d'écus qu'il plaça dans les poches de son paletot, en disant que chacun pouvait en faire autant.

Dans la crainte de compromettre les 331,000 fr., on résolut de ne se charger que de cette somme. Au moment du départ, un des témoins, revêtu de l'uniforme de la garde nationale, mit le paquet de billets *dans son bonnet à poil*. On s'aperçut alors que le monsieur aux deux sacs avait disparu ; mais chacun était si préoccupé de ce qui se passait au dehors, qu'après l'avoir vainement cherché, on partit sans lui.

Il est fort heureux qu'on ait trouvé plus de probité sous le bonnet à poil que dans le paletot.

Après beaucoup d'hésitations, on se décida à porter ces fonds à la Banque de France, où M. d'Argout ne voulut pas que le procès-verbal et le récépissé indiquassent leur origine.

« Quelles tristes réflexions font naître ces détails,
« dit M. de Verbois, quand on se rappelle les em-
« barras du roi dans les premiers moments de son
« départ ! Il était si facile, le matin, de tenir à sa
« disposition les 331,000 fr. au moins ! »

On ne peut pas mieux dire, sans doute, mais on aurait pu beaucoup mieux faire.

M. le trésorier se mit en route le 25, à six heures et demie du matin, et chercha vainement à voir M. le comte de Montalivet à la place Vendôme et rue Tronchet. Le maire du 1er arrondissement, auquel il fit connaître son désir d'*être déchargé de l'énorme responsabilité qui pesait sur lui*, ne put que lui donner un certificat constatant sa démarche. Après une autre tentative infructueuse près de M. Guinard, chef d'état-major de la garde nationale, il se décida donc à aller au gouvernement provisoire.

Il arriva, vers une heure de l'après-midi, à l'Hôtel de Ville, *d'où l'on jetait tout par les fenêtres* :

« Je dus, dit-il, prendre la résolution de renon-
« cer à monter. »

Retournant à l'état-major général, *à quatre heures*, il trouva M. Guinard en tête-à-tête avec M. Gustave de Wailly, inspecteur général de la liste civile. Enfin une résolution fut prise : — *on s'ajourna au lendemain*, à dix heures du matin. M. Bapst, joaillier de la couronne, et M. Maréchal, inspecteur général honoraire, porteur de la clef de M. l'intendant général, furent invités à se rendre au trésor au moment indiqué. Jusque-là, ces précieuses valeurs restèrent, à la grâce de Dieu, sous la garde de quelques personnes dévouées.

M. de Verbois se trouva le 25, dès six heures du matin, à son poste qu'il avait quitté depuis quarante-huit heures. Informé qu'on se disposait à mettre le feu chez lui, sa première pensée fut de préserver du pillage et de l'incendie les deux caisses de bijoux de madame la princesse de Joinville, le portefeuille de la couronne contenant à peu près 4 millions, et 8,000 francs en espèces restés dans la caisse de son cabinet. Il se décida à faire porter le tout à la caisse centrale du trésor public. Il usa d'un stratagème qu'on a dit, à tort, avoir été employé pour sauver les diamants de la couronne, dont il ne s'agissait pas encore.

« Un brancard à transporter les malades, garni
« d'un matelas, d'un traversin et d'une couverture,
« fut apporté à celle des portes de mon apparte-
« ment donnant dans le couloir qui règne d'un
« bout à l'autre de la galerie neuve des Tuileries.

« Des personnes officieuses l'entrèrent dans mon
« cabinet. En un clin d'œil je plaçai dessus les deux
« coffres à bijoux, les sacs d'écus, et jusqu'à la
« monnaie formant le solde de mon encaisse. Cette
« opération terminée, quatre hommes de bonne
« volonté, pris parmi ceux qui s'étaient introduits
« dans le vestibule du trésor, chargèrent le bran-
« card sur leurs épaules, et partirent dans la con-
« viction qu'ils portaient un blessé de quelque
« importance. Dans le trajet de la rue de Rivoli, les
« curieux ôtaient leur chapeau en s'inclinant. Ce ne
« fut qu'au ministère des finances que les porteurs
« eurent connaissance de l'erreur dans laquelle on
« les avait laissés jusque-là, sur la nature de leur
« fardeau. »

Ces braves gens refusèrent la gratification qui leur était destinée, et se prêtèrent même à faire deux nouveaux voyages, pour emporter les 32,000 francs en espèces qui restaient encore au trésor de la couronne.

On avait annoncé que M. Goudchaux, ministre des finances, assisterait à l'opération relative aux diamants; mais le ministre, attendu longtemps, ne vint pas. M. Courtais, général en chef de la garde nationale, se présenta à midi pour réclamer l'ouverture immédiate de la caisse à trois clefs, en manifestant des craintes de pillage.

On eut quelque peine à ouvrir la caisse, l'ouvrier employé ordinairement à cette opération n'ayant pu être trouvé.

« L'absence de cet homme occasionna un retard

« pendant lequel le général, pâle et tremblant, ex-
« primait toute son anxiété. Je parvins enfin, après
« bien des tâtonnements, à ouvrir la caisse. J'en
« sortis aussitôt la collection des procès-verbaux
« inventaires, que je remis à M. Courtais, et qu'il
« plaça sous sa tunique d'uniforme.

« Les divers écrins furent sortis un à un par
« Auguste Laurot, garçon de caisse habitué à les
« manier, et déposés, tant par terre, selon leur vo-
« lume, que sur une table ronde qui était au mi-
« lieu de la pièce.

« Cette extraction terminée, et le général s'étant
« assuré que l'armoire était complétement vidée,
« il s'agissait de transporter le tout à l'état-major. »

M. Courtais, qui se défiait du flot populaire, demanda s'il n'y avait pas un chemin sûr pour gagner
son appartement par l'intérieur du palais. On fit
vérifier par le garçon de bureau Pessard et par No,
homme de peine, la situation du couloir des caves.
Ce couloir était obstrué par des débris de bouteilles
cassées, qu'il eût été utile d'enlever; mais M. Courtais insista pour que le tout fût emporté immédiatement, et en une seule fois.

Les personnes présentes n'étant point en nombre
suffisant, on réclama le concours de quelques gardes
nationaux de la compagnie de M. de Verbois, qui
étaient justement de service.

« Tout étant prêt, nous partîmes, une quinzaine
« environ, le général en tête, portant lui-même la
« couronne royale. Nous parcourûmes les caves;
« nous prîmes un petit escalier donnant sur la rue

« de Rivoli ; et, sans être aperçus des passants,
« dont nous n'étions pas à deux pieds de distance,
« nous arrivâmes sans accident au second étage,
« dans le cabinet de M. Guinard, chef d'état-major
« général, où chacun déposa ce dont il était por-
« teur. »

Après trois mortelles heures d'attente, « vint enfin
« M. de Codrosy, inspecteur des finances, chargé
« par son ministre de faire la reprise des diamants.
« Le temps pressait, le tumulte était à son comble
« sur la place du Carrousel ; on redoutait l'envahis-
« sement du local où nous étions. Ces raisons déci-
« dèrent M. de Codrosy à se borner, au lieu d'un
« récolement des objets, à dresser purement et sim-
« plement un procès-verbal constatant le nombre
« d'écrins et de boîtes immédiatement mis par ses
« ordres dans cinq sacs de toile.

« Un chariot à déménagement avait été amené
« sous le guichet de l'état-major ; les grilles du gui-
« chet avaient été fermées. On chargea les cinq
« sacs sur le chariot. Des élèves de l'École polytech-
« nique et de Saint-Cyr, et M. Allary, dont le con-
« cours ne nous avait pas fait défaut depuis le pre-
« mier jour, se mirent sur la voiture ou à la tête
« des chevaux, et protégèrent, par leur présence
« seule, notre envoi au ministère des finances, où
« il arriva heureusement. »

Là se borne, sur ce point, le récit de M. de Verbois, parfaitement d'accord avec les explications
données par M. Guinard, chef d'état-major de la
garde nationale, dans l'ordre du jour de dix lignes

qu'il a publié le 28 février 1848, c'est-à-dire, le surlendemain de l'affaire.

Mais tout n'était pas terminé ; voici ce que nous apprennent, sur les résultats de ce sauvetage, deux procès-verbaux établis au ministère des finances sous les dates du 26 février et du 12 mars 1848, annexés au rapport présenté à l'Assemblée nationale, dans sa séance du 14 avril 1849, par la commission chargée de l'examen des comptes du gouvernement provisoire.

Le premier de ces actes constate que les *cinq sacs*, contenant des *objets inventoriés* dans un procès-verbal du même jour, *fermés du cachet de l'inspecteur des finances*, ont été déposés par MM. Degousée, colonel de la 3ᵉ légion, et Sanson, lieutenant de la banlieue, chargés de commander l'escorte conjointement avec MM. Maréchal, de Wailly, Prudomme, et autres, et qu'on les a renfermés dans la caisse du trésor, dite la *réserve principale*.

Le second a pour objet de relater les circonstances de la reconnaissance des *diamants et autres objets précieux*, contenus dans les sacs dont il vient d'être parlé. On y lit ce qui suit :

« Après vérification de l'identité des cachets, il a
« été fait une reconnaissance sommaire des objets,
« et un récolement des inventaires y relatifs, et
« dont ampliation vient d'être déposée au secréta-
« riat général des finances. *Une boîte, devant ren-*
« *fermer un bouton de chapeau en brillants et deux*
« *pendeloques en roses*, et mentionnée sous le nu-
« méro 22, dans la pièce cotée n° 4, au dossier des

« inventaires, *n'a pas été retrouvée ; mais, sauf cette*
« *différence*, les résultats du récolement ont été
« conformes aux énonciations des inventaires.

« Des armes de l'empereur, qui faisaient partie
« du dépôt représenté, se trouvaient dans trois
« boîtes fermées du sceau de l'ex-roi (L.-P.).

« Les diamants et divers autres objets précieux
« ont ensuite été remis dans leurs étuis. Ceux-ci,
« après avoir été ficelés, ont, ainsi que les boîtes
« contenant les armes de l'empereur, été replacés
« dans les mêmes sacs qui les renfermaient, etc. »

Un troisième procès-verbal, du mois d'avril 1849, constate le récolement de ces divers objets, opéré par la commission de l'Assemblée. On y voit « qu'il
« manquait au récolement général un bouton de
« chapeau en diamant et deux pendeloques en roses.
« D'après l'inventaire, ces bijoux doivent se trou-
« ver renfermés dans un petit écrin portant le nu-
« méro 22. Le bouton et les deux pendeloques ont
« disparu *pendant le transport de la caisse qui les*
« *contenait du château des Tuileries à la salle de*
« *l'état-major de la garde nationale, où ils ont été*
« *déposés, et, de là, transportés à la caisse du tré-*
« *sor.* Leur valeur, suivant l'estimation de l'inven-
« taire dressé sous le règne de Louis XVI, est de
« 295,700 fr., savoir : 240,700 francs le bouton, et
« 55,000 francs les pendeloques. »

L'état estimatif ne porte la valeur des pendeloques qu'à 52,412 francs; la perte n'est donc en réalité que de 293,112 francs.

« Si on interroge, continue le rapporteur, les

« témoignages recueillis dans une enquête qui a été
« faite, après la constatation de la perte des bijoux
« dont nous parlons, dans le but d'obtenir leur
« découverte et leur réintégration dans la caisse
« du trésor, il paraît que l'écrin n° 22, qui était
« d'un très-petit volume, aura été égaré au milieu
« des décombres qui obstruaient alors les caves des
« Tuileries, par lesquelles on a été obligé de passer,
« *ou aura été dérobé par l'un des témoins de cette*
« *grande scène de désordre.* La police de Paris a fait
« toutes les recherches possibles, et n'a pu rien dé-
« couvrir. M. Bapst, l'ex-joaillier de la couronne, a
« écrit à tous les principaux lapidaires de l'Europe,
« pour les engager à retenir les diamants perdus
« s'ils leur étaient présentés; il n'a obtenu aucun
« résultat de ses soins. Un moment, un joaillier
« de Londres a cru être sur la trace du vol, et a
« immédiatement prévenu M. Bapst. Celui-ci a fait
« le voyage d'Angleterre, mais il n'a pas tardé à se
« convaincre sur les lieux que les bijoux dont on
« l'avait entretenu n'étaient pas ceux qu'il cher-
« chait.

« Jusqu'à ce moment, les diamants n'ont pas
« été retrouvés, et l'enquête n'a eu aucun résultat
« utile.

« Le relevé de l'inventaire des bijoux et joyaux
« de la couronne constate que leur valeur totale
« s'élève à 20,900,260 francs, suivant le prix d'es-
« timation à l'époque de leur acquisition sous l'Em-
« pire. Le diamant connu sous le nom de *Régent*
« était estimé, en 1816, sur l'inventaire de l'Em-

« pereur, six millions de francs ; les experts de la
« couronne lui ont rendu plus tard l'estimation de
« douze millions qu'il avait du temps de Louis XVI.
« Cette valeur lui a toujours été conservée.

« Il n'entre pas dans notre compétence de pré-
« juger l'usage et l'emploi que l'Assemblée natio-
« nale destine aux diamants de l'ancienne couronne
« de France ; mais nous ne pouvons nous dispenser
« de dire, dès ce moment, que le local qui les con-
« tient aujourd'hui ne nous paraît nullement ap-
« proprié à sa destination. Ce local, déjà encom-
« bré par la réserve métallique du trésor, est
« tellement restreint, qu'on est obligé d'y renfer-
« mer les bijoux dans des sacs grossiers, et de les
« ranger sur des étagères plus grossières encore,
« qui sont établies dans la partie la plus élevée du
« local. Au nombre des objets précieux *que con-*
« *tiennent les sacs*, se trouvent l'épée que Napo-
« léon portait en 1815, le sabre qu'il avait à Auster-
« litz : on y voit la couronne, la main de justice
« et plusieurs armes de Charlemagne. Le moindre
« accident résultant, soit de la chute d'un des sacs,
« soit de toute autre cause, pourrait compromettre
« ces précieux restes de nos grandeurs historiques. »

Je ne chicanerai pas l'honorable rapporteur,
M. Ducos, sur le non-sens de la phrase que j'ai sou-
lignée, au premier paragraphe de ma citation de
son rapport ; et pourtant, si le bouton et les pendeloques ont *disparu pendant le transport de la
caisse qui les contenait*, ils n'ont évidemment pas
pu être *déposés* à l'état-major, ni *transportés de là*

dans les caisses du trésor, où, du reste, on ne les a pas retrouvés. Il s'est sans doute rencontré, au milieu de *cette grande scène de désordre*, quelque nouveau *paletot* infidèle malencontreusement adjoint à d'honnêtes *bonnets à poil*. Encore faut-il s'estimer heureux que le dommage n'ait point excédé la somme de 293,112 francs, qui forme un peu moins d'*un et demi pour cent* de la valeur totale des objets précieux préservés. Vu la moralité des héros de cette déplorable catastrophe, on aurait probablement consenti à une *prime* d'assurance plus considérable, si quelque personne solvable eût voulu garantir les risques du transport.

Ce dont on peut s'indigner à bon droit, c'est de voir conserver ainsi dans d'ignobles sacs de toile, et sur des tablettes poudreuses, non pas seulement de magnifiques bijoux ayant une célébrité européenne : c'est là un acte de vandalisme et de grossière incurie qu'on peut aisément concevoir de la part des hommes sans distinction, sans goût pour les arts, qui occupaient alors en grande majorité le pouvoir; mais des monuments historiques aussi précieux que les insignes de Charlemagne! mais les armes de Napoléon, et, entre autres, le sabre illustre d'Austerlitz et l'épée que le grand homme portait en 1815! Ah! si MM. Goudchaux et Garnier-Pagès les ont relégués, comme des sacs d'écus ou des caisses de savon, dans un obscur et sale réduit, et sous des toiles d'emballage, comment les ministres d'un neveu de l'empereur ont-ils pu tolérer la continuation d'une aussi sacrilége profanation?

La royauté de Juillet, elle du moins, a mis en relief toutes les gloires de la France; elle a fait achever l'Arc de triomphe de l'Étoile; elle a relevé la statue de Napoléon, rétablie par ses soins au sommet de la colonne dont le fût est recouvert du bronze conquis par ses victoires. Un de ses fils est allé, en personne, chercher les restes de l'illustre capitaine à l'extrémité d'un autre hémisphère; il les a fait extraire du pied du rocher où elles étaient enfouies, et les a ramenées sur les bords de la Seine, où l'homme du destin avait témoigné le désir que ses cendres fussent déposées. Elle leur a fait donner les plus magnifiques funérailles, et préparer le plus somptueux tombeau. Ah! M. Louis-Napoléon, comment avez-vous souffert l'humiliation infligée, dans ses armes glorieuses, à la mémoire du grand homme dont le nom vous a valu vos six millions de suffrages!

On lira avec intérêt le détail officiel de ces précieuses richesses :

DIAMANTS DE LA COURONNE.

		Estimations.
Nos	1. La Couronne royale (le *Régent* y compte pour douze millions)	14,702,789 fr.
	2. Le Glaive	261,166
	3. L'Épée militaire	241,874
	4. Le Glaive du Dauphin	71,559
	A reporter	15,277,388 fr.

	Report..................	15,277,388 fr.
Nos	5. La grande plaque de l'ordre du Saint-Esprit..	102,864
	— Le Bandeau et l'Aigrette..........	273,199
	— La Paire de boucles de souliers, et les Boucles de jarretières...........	56,877
	— L'Agrafe du manteau, en opales et brillants....................	68,105
	— Trois Rosettes de chapeau et de souliers......................	89,100
	— Le Bouton du Saint-Esprit.........	3,965
	6. La plaque et la croix de l'ordre du Saint-Esprit..................	355,072
	— La plaque et la croix de l'ordre de Saint-Louis..................	20,613
	— La plaque et la croix de l'ordre de Saint-Lazare..................	12,098
	— La plaque et la croix de l'ordre de la Légion d'honneur..............	34,679
	— La ganse de chapeau..............	299,117
	— La contre-épaulette...............	191,834
	7. La plaque, la croix et la jarretière de l'ordre de la Jarretière........	31,139
	— La décoration de la Toison d'Or....	73,493
	— La plaque et la croix de l'ordre de Saint-André de Russie...........	16,515
	— La plaque et la croix de l'ordre de Saint-Alexandre de Russie........	18,960
	8. La plaque et la croix de l'ordre de l'Aigle-Noir de Prusse...........	16,363
	— La plaque et la croix de l'ordre de l'Éléphant de Danemark.........	15,586
	— La plaque et la croix de l'ordre de Saint-Étienne d'Autriche.........	19,168
	9. La parure de rubis et brillants......	393,759
	A reporter...................	17,369,894 fr.

Report........................	17,369,894 fr.
Nos 10. La parure de saphirs et brillants.....	283,816
11. La parure de turquoises et brillants..	130,821
12. La parure de perles d'Orient........	1,165,163
13. Le collier de vingt-six chatons brillants.	133,900
14. Deux bouts de ceinture............	8,353
— Vingt-six rangs de chatons et rosettes.	432,396
15. Chatons en brillants (709)..........	266,176
16. Un peigne en brillants.............	47,452
17. Le diadème en émeraudes et brillants.	42,709
18. Quarante-deux épis droits. ⎫	
19. Quarante deux épis. ⎬ 156 épis.	191,476
20. Trente-six épis.	
21. Trente-six épis. ⎭	
22. Un bouton de chapeau .... 240,700 fr. ⎫ (1).	
— Deux pendeloques de quatre roses . 52,412 ⎭	293,112
23. Calotte provenant de la couronne, garnie en perles................	1,299
Total des objets montés..........	20,366,567 fr.

Diamants, pierres de couleur et perles non montées.

1° Lot de 7,439 brillants.....	201,935 fr.
2° Lot de 8,267 roses........	166,460
3° Lot de 95 rubis...........	65,435
4° Lot de 2 saphirs..........	675
5° Lot de 20 opales..........	1,400
6° Lot de 104 émeraudes.....	3,359
7° Lot de 312 turquoises.....	5,258
8° Lot de 235 améthistes....	3,521
9° Lot de 456 perles de diverses grosseurs..........	85,650
	533,693
Total général.............	20,900,260 fr.

(1) Cette boîte est celle qui a disparu.

Objets non estimés.

1 boîte contenant la montre, garnie de roses, provenant du dey d'Alger.

1 pierre, dite de Labrador, achetée par Louis XVIII, et de nulle valeur.

3 caisses contenant les armes de l'empereur.

Les insignes de Charlemagne : la couronne, le sceptre, la main de justice, l'épée et deux éperons ; le tout renfermé dans deux étuis.

VII.

La cour du Louvre. — Les *hauts faits* du *vieux soldat*. — Le Palais-Royal *nationalisé*.

Le palais du Louvre, asile sacré des chefs-d'œuvre des artistes modernes et des merveilles de l'antiquité, ne souffrit aucun dommage dans ses précieuses et magnifiques collections. Le peuple s'abstint même d'y pénétrer; et cela se conçoit, puisqu'il n'y aurait trouvé que des objets auxquels son admiration est depuis longtemps acquise. Mais on avait élevé, au milieu de la cour de l'édifice, un monument à la mémoire d'un prince qui fut, pendant trop peu d'années, hélas! le modèle des plus nobles et des plus brillantes qualités, l'orgueil de sa famille et l'espoir de la France. Ce monument, malgré sa pieuse et patriotique destination, n'a pu trouver grâce devant quelques-uns des énergumènes de février.

M. le duc d'Orléans s'était montré le protecteur éclairé des artistes et des gens de lettres, l'intelligent appréciateur des succès de notre industrie, le bienfaiteur discret des infortunes cachées, et enfin, c'était un fait notoire, le partisan avoué de toutes les idées de sage progrès social et politique. A ces titres, il était devenu cher à tous les gens de bien, comme il l'était aussi aux troupes, dont il avait plus d'une fois partagé les travaux, les dangers et la gloire. Ceux qui l'avaient vu gravir, sous une grêle de balles kabyles, le col difficile et périlleux du Mouzaïa, louaient en lui cette intrépidité calme et de sang-froid qui révèle une âme fortement trempée, un vrai cœur de soldat. Tout ennemi généreux, si les malheurs de 1814 et de 1815 s'étaient de nouveau appesantis sur la France, eût respecté la consécration de ces sentiments, de ces souvenirs, en se rappelant le deuil universel qu'avait fait naître, même chez nos voisins, la mort funeste et prématurée de ce prince accompli, objet de tant de justes regrets.

La statue équestre de M. le duc d'Orléans fut enlevée de son piédestal par les ordres et par les soins d'un homme à qui jadis, au début de sa carrière, sa bonne fortune avait fourni l'occasion d'une action généreuse, et qui, dans les fatales journées de février, couronna le déclin de sa vie par deux actes spontanés, suffisants à eux seuls pour effacer tout ce qu'il a jamais pu faire de bien.

Voyons quel fut le passé de cet homme, qui nous a donné le droit de le juger sévèrement.

On lit, à la page 181 des *Mémoires sur les Cent jours*, par M. Fleury de Chaboulon, secrétaire du cabinet de l'empereur, le passage suivant relatif à l'arrivée de Napoléon devant Grenoble :

« Il fut arrêté, en avant de la ville, par un jeune
« négociant, officier de la garde nationale, — Sire,
« lui dit-il, je viens offrir à Votre Majesté cent
« mille francs et mon épée. — J'accepte l'un et l'au-
« tre : restez avec nous. »

Ce jeune Grenoblois s'appelait Dumoulin ; il dirigeait une fabrique de gants, et il est permis de croire qu'en cette occasion ses cent mille francs pesaient plus que son épée. Il fit, dit-on, la campagne de 1815 en qualité d'officier d'ordonnance de l'empereur, et le grade de capitaine lui fut accordé, non pas à raison de ses antécédents militaires, car il n'en avait point, mais en considération du louable dévouement dont il venait de faire preuve. Je dirai tout à l'heure ce que constate son dossier : mais je déclare dès à présent que, malgré toutes mes recherches, je n'ai trouvé son nom cité dans aucun des nombreux récits de cette courte et mémorable guerre, où tant d'occasions de se distinguer s'offrirent aux gens de cœur qui voulaient se faire une réputation militaire.

Après les Cent jours, M. Dumoulin, rayé des contrôles de l'armée, se lança dans les opérations aventureuses de la Bourse. On dit qu'il y réalisa, dès son début, une de ces brillantes fortunes, peu solides, qui s'évanouissent aussi rapidement qu'elles se produisent.

Après juillet 1830, M. Casimir Périer, compatriote de M. Dumoulin, céda aux instances qu'il lui fit pour obtenir sa réintégration sur les cadres de l'armée, où il avait figuré si peu de jours en 1815.

Le postulant avait des prétentions exorbitantes, que les règlements ne permettaient pas d'accueillir. On le classa au 5e régiment de hussards, avec le grade qu'il devait à la bienveillance de l'emperer; mais il refusa. Plus tard, sur de nouvelles demandes de sa part, on lui donna l'ordre de se rendre en Afrique, cette terre de dangers et de gloire, où tant de braves ont fait une brillante carrière. Il voulait probablement un avancement exempt de services pénibles, des honneurs obtenus sans travaux guerriers, sans périls : il refusa de rechef. Enfin, une troisième occasion lui fut offerte, il y a quatre à cinq ans environ, de reprendre honorablement les insignes d'un grade dont il n'avait jamais rempli les fonctions actives dans les rangs d'une troupe quelconque; mais ce fut encore vainement, et au lieu du titre légitime de *capitaine* qu'il aurait pu porter désormais, tardivement sans doute, mais uniquement par sa faute, il préféra usurper celui de *colonel*, qu'il n'a jamais eu le droit de prendre, et sous lequel il se laisse complaisamment désigner aux galeries de l'Opéra. C'est ce qu'avaient fait, en 1814, les hommes que nous appelions par dérision *les voltigeurs de Louis XV*.

Voici, au surplus, un relevé des services *militaires* de M. Dumoulin, que j'ai tout lieu de croire conforme à son dossier du ministère de la guerre, et qui détermine d'une manière précise sa position :

1815. Lieutenant dans la garde nationale *sédentaire* de Grenoble.

1815, 9 mars. Officier d'ordonnance de l'empereur Napoléon.
— 15 mai. Confirmé dans ces fonctions. Nommé capitaine de cavalerie.
— 1er août. A cessé de faire partie de l'armée. (Deux mois et demi de grade et de services militaires réguliers.)
1830, 27 octobre. Nommé capitaine au 5e hussards. Refus de se rendre à sa destination ; rayé immédiatement des contrôles.
1834, 25 avril. Désigné pour être mis à la disposition du général commandant à Oran ; n'a pas rejoint.
1845, 22 décembre. Nommé capitaine au 5e lanciers ; n'a pas rejoint.
1846, 6 mars. Mis en retrait d'emploi sans solde.

Ce *vieux soldat*, qui ne rejoint jamais, ne pouvait pardonner à la dynastie de Juillet de n'avoir pas assez bien apprécié son mérite pour lui prodiguer les honneurs et les grades, au mépris des lois et des règlements qui régissent l'armée. Il se montra donc des plus acharnés au renversement de cette monarchie *ingrate*. On le cite, cette fois, parmi les *braves* qui présidèrent à l'attaque du corps de garde du Château-d'Eau. « Il était depuis une demi-heure « *à se promener* sur la place du Palais-Royal, dit « M. Saint-Amant, et semblait là dans son élément. » J'aime à croire, puisqu'il se promenait, qu'il fut étranger à l'atroce moyen employé pour se rendre maître du poste.

On le voit ensuite à l'Hôtel de Ville, *se chargeant* lui-même du commandement du Louvre, où aucun désordre n'avait encore été commis avant son arrivée ; le récit de M. Saint-Amant le démontre. On le voit plus tard installant le commandant supérieur des Tuileries, puis profitant de sa présence dans le palais pour tirer, sans péril et sans gloire, le premier coup de fusil qui va frapper la figure équestre du roi, action puérile si elle n'eût été ignoble. On le retrouve enfin s'installant au Louvre, et y poursuivant ses œuvres de destruction profanatrice et de vandalisme.

Une statue de M. le duc d'Orléans, semblable à celle du Louvre, avait été élevée à Alger sur la place du Gouvernement. On voulut, après l'exploit de M. Dumoulin, la faire disparaître aussi, et des ordres furent adressés à cet effet. Le gouverneur de l'Algérie était alors M. le général Cavaignac, et il fut loin de montrer, pour l'exécution de cette mesure, le zèle qu'avait déployé le commandant très-temporaire du Louvre. Cela n'a rien d'étonnant. De tels actes répugnent à l'âme d'un brave soldat : il faut, pour les accomplir, des officiers supérieurs de contrebande.

J'ajouterai que la population d'Alger, reconnaissante de l'intérêt bienveillant que lui avait témoigné M. le duc d'Orléans, se montra jalouse de conserver un monument qui rappelait de mémorables souvenirs, et pour l'érection duquel l'armée et la population s'étaient cotisées avec enthousiasme. Il n'aurait pas été prudent de le détruire, et le général dut faire connaître au ministre l'impossibilité où il se serait trouvé d'exécuter ses ordres, alors même qu'il aurait été disposé à s'en rendre solidaire devant l'histoire. La statue est donc toujours debout à Alger, où les démocrates les plus forcenés n'oseraient s'aventurer à lui faire le moindre outrage.

Voulant grossir la liste exiguë de ses services militaires, qui ne comporte, ainsi qu'on vient de le voir, que *deux mois et demi* de grade, dont trois jours passés en campagne de guerre et le reste écoulé dans les antichambres impériales, comme le diraient ses camarades de février, M. Dumoulin s'empressa d'écrire, au ministre de la guerre, une lettre dans laquelle il appuyait sa demande de récompense des mots suivants : — « Après avoir ren-
« versé le père de son trône, je viens de jeter la
« statue du fils à bas de son piédestal. »

Nobles hauts faits, destinés probablement à remplir la colonne ordinairement consacrée aux *blessures et actions d'éclat*, et qui était restée jusqu'alors sans la moindre annotation, sur les états de services de ce prétendu *vieux soldat*. Sans nul doute, la gloire lui sera légère.

J'aurai peu de détails à donner sur le sac du Palais-Royal, parce que là le désastre a été à peu près complet, et qu'il fut presque impossible de rien sauver, quant au mobilier du moins. Les scènes de dévastation qui s'étaient passées aux Tuileries s'y renouvelèrent dès le 25 février, et avec une plus grande fureur encore. Les meneurs, ignorant les lois qui régissent l'apanage, crurent s'attaquer à l'une des propriétés du domaine privé, et ne trouvant, dans leur aveugle fureur, aucun prétexte démocratique, aucune considération tirée du principe de la souveraineté populaire pour ménager le palais, ils n'y allèrent pas de main morte. On ne prit d'ailleurs aucune disposition pour s'opposer à ces désordres; si quelque chose échappa au désastre, on le doit uniquement au zèle et au courage d'un petit nombre de serviteurs dévoués.

Les glaces, les cristaux, les porcelaines, les meubles magnifiques qui décoraient le palais furent brisés en mille pièces; on lacéra les draperies et les tentures. Les précieuses toiles qui ornaient les appartements et les galeries ne purent trouver grâce devant ces misérables, quoiqu'un grand nombre d'elles fussent consacrées à retracer les mémorables actions de nos braves armées.

La bibliothèque particulière du roi contenait tous les trésors de la science et de la littérature : celle de madame la princesse Adélaïde était formée des plus belles éditions, des livres les mieux choisis. Arrachés de leurs rayons, déchirés page par page, jetés par les fenêtres dans la petite cour de Nemours, qu'ils jonchaient à plusieurs pieds de hauteur, ils servirent d'aliment à une immense fournaise qui compromit pendant quelques instants la sécurité des bâtiments voisins.

Ces ignobles imitateurs du farouche Omar n'avaient pas même, comme celui-ci, les bains d'Alexandrie à chauffer avec ces monuments précieux de la science et des arts : c'était donc uniquement la soif de la destruction qui les animait. Plus stupides, plus barbares encore que leur sauvage devancier, qui, lui du moins, ignorait l'immense importance historique des manuscrits à jamais regrettables livrés successivement ainsi à l'action des flammes, pour tirer un utile parti de ces masses combustibles, ils savaient fort bien ce qu'ils faisaient en anéantissant ces beaux tableaux de nos premiers maîtres, ces superbes éditions des meilleurs auteurs. La régénération sociale, comme ils l'entendent, c'est l'anéantissement des œuvres de l'intelligence et l'abaissement de l'homme au niveau de la brute.

Les bandits pénétrèrent dans les bureaux de l'administration du domaine privé du roi, qui occupaient les maisons situées depuis le palais jusqu'à la rue de Richelieu. Quelques cartons furent vidés, et les papiers qu'ils contenaient allèrent alimenter le feu qui petillait dans les cours. Ils s'introduisirent chez le caissier, dont ils pillèrent les effets personnels, sans avoir deviné ni soupçonné même la présence de la caisse, placée au fond d'un placard pratiqué dans le mur.

M. de Gerente, administrateur du domaine privé, avait été prévenu, à midi, de l'envahissement du Palais-Royal et de l'incendie dont il était menacé. Il s'y transporta immédiatement, et trouva à leurs postes MM. de la Garde, directeur de la comptabilité, Toutain, caissier central, et Tripier, chef du bureau des archives. Là, du moins, personne n'avait fui. Il s'occupa sur-le-champ, avec le concours de ces messieurs et du garçon de bureau Gelin, à mettre en sûreté les titres et les valeurs considérables que renfermait la caisse.

Il s'y trouvait en ce moment 15,000 fr. en espèces, 503,000 fr. en traites de coupes de bois, une lettre d'ouverture de crédit, de la maison Rothschild, pour une somme de 500,000 fr., environ 45,000 fr. en monnaies d'or étrangères, appartenant à Sa Majesté la reine, et deux caisses de bijoux de famille, portraits, médaillons, etc.; puis, divers titres de rente et de propriété, entre autres une inscription de 100,000 fr. de rente, formant la dot de M. le duc de Nemours; enfin, 66,000 fr. en coupons d'arrérages échus d'actions de canaux, payables à la caisse des consignations.

Chacun se chargea d'une portion de ces valeurs pour les sauver sur lui-même, au risque de se faire fusiller comme voleur à la sortie, s'il était découvert, les destructeurs en chef faisant prompte et sévère justice de leurs propres camarades, quand ils les surprenaient emportant quelque chose clandestinement.

Les 45,000 fr. de monnaies d'or ont été remis par M. de Gerente à M. le comte de Montalivet, qui les a fait passer à la reine. Quant aux bijoux de famille, M. de Gerente les a remis lui-même, directement, à Sa Majesté.

Les traites de coupes de bois et les autres valeurs inscrites aux registres de la comptabilité du domaine privé ont été versées au séquestre, qui était déjà en possession de ces registres.

Les caves du Palais-Royal, grandement approvisionnées, ne subirent qu'un léger dommage, grâce à la fermeté et à l'adresse du sommelier du roi, M. Mabilau, vieux militaire décoré. Sept barriques seulement furent mises sur bout, défoncées et vidées par les pillards. A la vérité, douze mille bouteilles avaient été enlevées, en grande partie par les soupiraux ; mais le dommage aurait pu être encore bien plus considérable.

Outre le sac et le pillage, le Palais-Royal courut, comme je l'ai dit, le danger de l'incendie. Le feu fut mis à deux reprises dans les combles, et sans le zèle intelligent de quelques jeunes élèves de l'École polytechnique, qui stimulèrent les voisins et organisèrent les secours, la destruction eût été complète.

Le roi avait dépensé, avant son avénement au trône, environ huit à neuf millions pour les nouvelles constructions du palais et pour son ameublement. C'était le produit de sa part dans le milliard d'indemnité. Les belles toiles des premiers maîtres de l'école française, de Gérard, de Gros, de Girodet, de Géricault, d'Horace Vernet et d'une foule d'autres éminents artistes, qui décoraient les appartements, sont à jamais perdues. Ce ne sera pas l'un des moindres titres de nos modernes Vandales à l'animadversion publique.

Parmi les personnes appartenant à la maison royale qui logeaient dans ce palais, se trouvaient M. le général Athalin, aide de camp du roi, et madame la marquise de Chantérac, dame d'honneur de la reine. Leurs appartements ne furent pas à l'abri de la dévastation, et reçurent bientôt de nouveaux hôtes.

Le Palais-Royal a servi, pendant quelque temps, de repaire à un grand nombre de clubistes. Le citoyen Villain, avant de se réfugier à la salle Molière, où ses sicaires tuèrent quelques honnêtes gardes nationaux du quartier, qui avaient eu l'audace de pénétrer dans cette véritable caverne de bandits; le citoyen Villain, dis-je, avait installé le club des Droits de l'homme, dont il était président, dans les vastes et magnifiques salons, alors dévastés, du Palais-Royal. Il y avait là table ouverte pour les frères et amis, qui, du matin au soir, éprouvaient le besoin de mettre leurs forces physiques au niveau de leur terrible énergie; et du soir au matin, un certain nombre d'entre eux y venaient cuver leur vin, car le club des Droits de l'homme était en permanence. Une barrique, tirée de la cave, avait été montée dans les appartements, pour plus de commodité.

Ces modernes jacobins étaient armés de fusils; ils se gardaient militairement. On ne comptait pas moins de trois sentinelles échelonnées sur l'escalier, ne laissant pénétrer que les gens qui leur faisaient des signes de reconnaissance. La *salle des gardes* précédait les appartements occupés par ces chenapans, et il s'y trouvait toujours douze hommes de service. On finit pourtant par les expulser du palais.

D'autres clubs ont aussi siégé dans l'édifice qu'on appelait dès lors, comme actuellement encore, le *Palais-National*, notamment le club républicain du 2e arrondissement, présidé par le citoyen Maillard; le club central, présidé par le citoyen A. de Longpré; enfin *le club des clubs*, la fleur des pois, présidé par le célèbre Huber, dans lequel brillaient les Deplanque, les Barbès, les Cahaigne et autres illustrations démagogiques. — Ce club siégeait dans la salle des Batailles.

L'état-major de la garde mobile vint aussi s'établir au *Palais-National*, et se débarrassa bientôt de ses incommodes voisins. La réunion parlementaire fondée par le citoyen Goudchaux continua seule à y tenir ses séances jusqu'à extinction.

VIII.

Les héros de février en partie de campagne. — Le château de Neuilly. — Le château de Villers. — Pillage, orgies, incendie, dévastation complète.

« Rien ne bougeait au clocher : j'ai sonné le toc-
« sin, et le peuple est accouru. » (Cormenin, page
211.)

Félicitez-vous, *Timon*, du succès de votre sonnerie. Elle a donné le branle à tous les désastres qui ont signalé la *catastrophe* de 1848.

La monarchie était tombée; Ledru-Rollin et Lamartine trônaient en place de Grève; le peuple souverain venait de dévaster les Tuileries et s'efforçait d'incendier le Palais-Royal, où tout était saccagé et détruit aussi. La fureur populaire aurait dû être assouvie. Mais il n'en était rien : ce fatal tocsin avait trop bruyamment retenti. On se rappelait ces millions *en bons écus, parfaitement ronds et bien pesants, encoffrés dans des tonnes,* et qui devaient constituer l'épargne du *vieil avare*. Les calculateurs du parti avaient sans doute supputé la somme, et son énormité, d'après les bases indiquées avec tant d'assurance par *Timon*, excitait leur infernale ardeur.

Rien, ou presque rien n'ayant été trouvé aux Tuileries ni au Palais-Royal, on courut à Neuilly dans l'espoir d'y découvrir la précieuse cachette. Notre auteur n'avait-il pas dit d'ailleurs, dès 1832 : « Le duc d'Orléans encoffrait ses millions « de rente dans les caveaux de Neuilly ! » Rien de plus clair, de plus précis. *Allons à Neuilly!* devint donc le cri d'une multitude avide, qui venait de mettre le désordre à son comble aux Tuileries et au Palais-Royal, et ressentait le besoin de faire une *partie de campagne*.

Le château de Neuilly, dont il ne reste plus maintenant que de tristes ruines, était la propriété particulière du roi. Rentrant, en 1814, dans la jouissance de ses biens non vendus, il avait consenti à l'accepter en échange de l'hôtel des écuries d'Orléans, rue Saint-Thomas du Louvre. Par suite de la loi qui consacra cet arrangement, l'hôtel des écuries devint la propriété de la liste civile.

On évalue à 12 ou 15 millions les dépenses faites à Neuilly, soit avant, soit depuis cet échange. L'étendue du parc s'était considérablement accrue : les îles de la Seine qui l'avoisinent y avaient été rattachées ; des constructions élégantes étaient venues accroître l'ensemble des bâtiments, et cette résidence princière constituait la plus magnifique, la plus délicieuse des maisons de campagne.

Là naquirent les princesses Marie et Clémentine, le prince de Joinville en 1818, et le duc de

Montpensier en 1824; les comtes d'Eu et d'Alençon, fils de M. le duc de Nemours, la princesse Françoise, fille de M. le prince de Joinville.

Les ducs d'Orléans et de Nemours reçurent, dans cette paisible et splendide résidence, les premiers éléments de la belle et solide éducation qu'ils allèrent compléter dans les établissements universitaires, assis sur les mêmes bancs que les enfants du peuple. La princesse Louise, devenue la reine des Belges, s'y forma, sous les yeux de ses augustes parents, à la pratique de toutes les vertus, et y acquit toutes les perfections dont elle brille sur le trône formé de ces provinces, détachées de la France par la tourmente de 1814.

La reine avait consacré, à Neuilly, un cabinet particulier aux palmes cueillies par ses nombreux enfants dans leurs luttes scolastiques : à ces prix, à ces couronnes obtenues par eux à la suite des concours où ils figuraient au milieu des fils des moindres citoyens; luttes paisibles, triomphes sans amertume, puisqu'ils étaient exempts de toute violence, de tout légitime regret.

Au milieu de ce musée de famille figurait, au premier rang, la couronne civique, en feuilles de chêne, décernée le 11 août 1791 par la ville de Vendôme à M. le duc de Chartres, Louis-Philippe d'Orléans, colonel du 14ᵉ régiment de dragons, pour avoir, au risque de ses jours, sauvé la vie du citoyen Siret, ingénieur des ponts et chaussées, entraîné par les eaux du Loir dans lesquelles il se baignait. Elle avait aussi pour objet de rappeler un autre acte de généreux dévouement du jeune colonel, qui couvrit de son corps, et sauva ainsi d'une mort certaine, deux prêtres non assermentés que le peuple voulait massacrer. Le ruban qui liait la couronne portait l'inscription suivante :

« *A l'humanité et au courage!*
« *Décernée par la ville de Vendôme.* »

Les Vendômois avaient précieusement gardé cette couronne civique, malgré la terreur de 1793, malgré les susceptibilités des gouvernements qui se succédèrent ensuite jusqu'à la Restauration. Ils en firent hommage, en 1814, à madame la duchesse d'Orléans, qui la conservait pieusement comme un noble exemple à montrer à ses enfants.

La chapelle du château contenait aussi d'autres précieuses reliques, consacrées à la mémoire du prince royal, et sur lesquelles sa veuve et son auguste mère venaient souvent répandre des larmes que le temps n'a pu tarir.

Rien n'a été respecté par ces Vandales! tout a été impitoyablement détruit.

Dès le 24 février, vers trois heures de l'après-midi, alors que la révolution était consommée à Paris, quelques bandes de vagabonds vinrent rôder autour de la grille d'honneur du château, des grilles de Sainte-Foy et de Villers. Elles firent entendre des clameurs menaçantes : « Demain, criaient
« ces hommes, cette propriété sera à nous. Le peu-
« ple est Roi : à nous les palais! » Ces propos furent entendus, et M. Deverre, adjudant des sur-

veillants du château, se rendit à Paris pour en rendre compte à M. le général Athalin et pour prendre ses ordres. Le lendemain, 25, un escadron du 1er régiment de cuirassiers vint renforcer le poste d'infanterie de 50 hommes, auquel était confiée la garde de cette résidence royale. Voilà quel fut l'unique fruit de cette démarche.

La journée du 24 avait été utilisée, par un grand nombre de serviteurs et employés du château, mais à mettre en sûreté leurs propres effets. La panique se propageait, et gagnait ceux-là même qui auraient dû faire le sacrifice de leurs biens pour sauver les effets précieux appartenant à la famille royale. Il y eut pourtant d'honorables preuves de dévouement données au moment du danger. N'ayant pu prévenir l'orage, on racheta noblement quelques regrettables faiblesses.

Dès huit heures du matin, le 25, les rôdeurs de la veille étaient revenus. Ils franchirent les palissades en bois qui formaient la clôture du grand parc, et procédèrent, armés de fusils, de pistolets et même de simples bâtons, à la destruction du gibier paisible qui en garnissait l'intérieur. D'autres vinrent aux grilles, dont ils réclamaient l'entrée; mais ils furent dispersés par quelques charges de cuirassiers, sous la direction de M. le colonel Boërio, commandant des châteaux de Saint-Cloud et de Neuilly, qui se trouvait là, par accident sans doute, vêtu d'une simple veste de chasse et coiffé d'une casquette, tenue peu propre à entraîner les troupes et à commander leur obéissance.

Ces charges n'eurent d'ailleurs aucun résultat sérieux : elles accrurent même par ce motif l'audace de ces bandits, auxquels des renforts arrivaient. Ils criaient hautement que le roi était en fuite et l'armée licenciée. Les soldats commencèrent à murmurer, et M. Boërio, désespérant probablement de réussir à sauver cette propriété royale, qu'on aurait pu, ce me semble, préserver de la destruction totale à laquelle devait la vouer son abandon, fit sa retraite sur Saint-Cloud, siége principal de son commandement, en emmenant cavaliers et fantassins.

M. Aubert, régisseur du château, capitaine de la garde nationale de Neuilly et membre du conseil municipal de cette commune, serait parvenu à réunir deux cents hommes déterminés de cette garde, force suffisante pour éviter tous les malheurs qui suivirent cette évacuation; mais il lui aurait fallu le concours des autorités locales, et toutes celles auxquelles il s'adressa répondirent : « Que ceux qui veulent aller se faire tuer y aillent. « Nous restons, nous, pour garder nos proprié- « tés. »

Ces paroles étaient dites par des gens qui devaient en totalité, ou tout au moins en grande partie, leur belle fortune aux travaux ou aux fournitures dont ils avaient été chargés par le roi depuis plus de trente ans. C'est ainsi qu'ils témoignaient leur reconnaissance.

Vers une heure de l'après-midi, on vint annoncer que les pillards avaient pénétré dans le petit parc; que le feu détruisait la jolie maison *hollandaise* et la magnanerie (1)

Des groupes assez nombreux se présentèrent derechef aux grilles, en demandant à visiter le château, ce que le régisseur ne crut pas pouvoir refuser. Une centaine de bandits se répandirent dans les appartements, et, après les avoir visités, ils demandèrent à boire, disant qu'ils savaient que les caves étaient bien garnies.

On voit, par la marche lente et progressive que suivait le désordre, combien il eût été facile de le conjurer, même avec la faible garde qui venait de partir, si l'on eût concentré l'action de cette force protectrice. Ceux qui ne firent rien dans ce but ont encouru une grande responsabilité.

Le régisseur du château n'osa pas refuser de rafraîchir des gosiers aussi altérés; on aurait d'ailleurs certainement pris de force le vin qu'il fit distribuer de bonne grâce, puisqu'il n'avait aucun moyen de résistance efficace à sa disposition. M. Aubert fit donc demander les clefs des caves. Les premières qui furent ouvertes renfermaient le vin de Champagne. On monta plusieurs paniers, dont le contenu disparut promptement. On ne se contentait pas de faire sauter les bouchons et de boire cette liqueur stimulante. Chacun faisait sa

(1) Le roi avait fait de grands frais, à Neuilly, pour prouver que l'on pouvait propager l'élève des vers à soie dans presque toute la France. S. M. la reine et les princesses portaient avec orgueil des étoffes fabriquées à Lyon avec la soie récoltée à Neuilly.

provision, et le bruit ne tarda pas à se répandre, tant dans le pays que dans les villages environnants, qu'on donnait, au château, du vin à qui voulait prendre la peine d'en demander.

En moins de deux heures, plusieurs milliers d'individus accoururent de Neuilly, de Courbevoie, de Colombes, de Puteaux, pour prendre part à la curée. Les gens de Suresnes ne manquèrent point à l'appel, et cela se conçoit, car on connaît la réputation de leurs vignobles. Ils augmentèrent considérablement le tumulte, excité déjà d'une manière si bruyante par la vile populace des mauvais quartiers de Paris.

La distribution n'allait plus assez vite au gré des impatients. Les caves furent envahies, et le désordre prit les proportions les plus inquiétantes.

Des scènes dégoûtantes suivirent ces libations immodérées. Les pillards de Paris étaient accompagnés d'un certain nombre de ces femmes perdues auxquelles ils venaient d'ouvrir les portes de Saint-Lazare, et qui se montraient impatientes de se dédommager d'une longue et rigoureuse claustration, dans cette partie de plaisir hors barrière. On les fit boire aussi, et l'orgie prit alors un ignoble caractère de crapule et de scandale.

Une de ces malheureuses, jeune et belle, dit-on, s'étendit sur la couche royale, qu'on aurait dû croire à l'abri d'une semblable souillure, et là, dans la posture la plus lascive et la plus effrontée, elle provoquait les assistants, avec un cynisme qui ne resta pas sans effet, à la conquête de l'espèce de virginité qu'elle prétendait avoir recouvrée par la continence forcée que lui avait fait subir sa détention; action infâme, qu'on est honteux de raconter, mais qu'il faut pourtant consigner ici comme une preuve nouvelle de la profonde dépravation de cette foule immonde à l'aide de laquelle s'est opérée la révolution de février 1848. Les meneurs sans conscience et sans vergogne de cette tourbe infâme ont l'audace de l'appeler le *peuple*, dont elle n'est que l'écume. Le vrai peuple a lui-même horreur de cette vermine, qu'il répudie, et, comme nous, il la méprise.

Ces scènes scandaleuses se prolongèrent durant toute la journée, et jusqu'au moment où les cris *Au feu! au feu!* répétés par une foule de voix, se firent entendre.

Une nouvelle bande, composée d'une vingtaine d'individus, était arrivée au château. Ce n'était ni du vin ni des filles perdues que voulaient ceux-ci. Un but plus atroce les dirigeait. Ils pénétrèrent dans la salle de dépôt des bougies et des torches, qui sans doute leur avait été bien exactement enseignée, et y prirent tout ce qui leur était nécessaire pour consommer rapidement la destruction du château. L'incendie s'alluma en effet sur plusieurs points à la fois.

Une heure après, les mêmes incendiaires allaient accomplir leur œuvre infâme et barbare au château de Villers, ancienne propriété du prince Murat, et qui était devenu successivement le séjour de M. le duc d'Orléans et de M. le duc d'Aumale.

Tout ce que cette charmante habitation contenait en effets mobiliers, en objets d'art et de curiosité, en magnifiques peintures, devint aussi la proie des flammes, ou subit de telles mutilations, que leur perte se trouva consommée.

Il serait difficile de suivre exactement les progrès et la marche du désastre dans ces deux résidences princières, qui furent plus maltraitées que toutes les autres, malgré les actes de courage de quelques fidèles serviteurs, dont le nombre n'était malheureusement pas assez considérable pour opposer une résistance efficace aux bandits, mais dont les efforts ont réussi, du moins, à soustraire quelques valeurs importantes au fléau dévastateur.

Une fois l'ivresse parvenue à son comble, la foule avait envahi les parties du château de Neuilly respectées jusque-là. Les uns entraient par les portes; les autres par les fenêtres, dont les persiennes étaient brisées. En vain l'on essaye de les repousser, de les contenir; ceux qui ne s'occupent pas du pillage se livrent à tous les excès de la dévastation. On jette les meubles dans les cours, et on alimente ainsi des foyers d'incendie extérieurs, dont les rouges reflets éclairent les scènes d'intempérance, de luxure et de cynisme qui s'accomplissent ouvertement de toute part, aux yeux de spectateurs surpris autant que honteux d'un tel excès d'audace et d'abjection.

A la tête d'un faible groupe d'hommes dévoués, on remarquait M. Thevelin, dont les discours et les actes eurent constamment pour but, depuis le début de ces affreux désordres, d'opposer une digue au torrent dévastateur, et qui tenta vainement de ramener à la raison ces êtres abrutis par la fureur ou par le vin. A sa voix, les gens de service avaient fermé les portes et les persiennes des appartements ; mais elles étaient enfoncées bientôt après. Ce généreux citoyen fut blessé d'un coup de baïonnette : il eût peut-être succombé sous les coups de ces misérables, sans les efforts d'un homme de cœur, nommé Suize, qui parvint à le soustraire aux assassins ; son zèle put donc encore se manifester plus tard.

C'est au milieu de ces scènes de turpitude que l'*Histoire des Montagnards* place l'expédition du célèbre Pornin, l'homme à la jambe de bois, le capitaine des gardes et le confident de Caussidière, auquel des rapports mensongers firent croire que madame la duchesse d'Orléans et les deux princes ses fils s'étaient réfugiés à Neuilly, et qui s'y rendit en toute hâte, à la tête de dix hommes déterminés, armés jusqu'aux dents, pour s'emparer de la *louve* et des *louveteaux*.

Je ne reproduirai pas le récit, horriblement pittoresque, fait par M. Chenu, des actes dégoûtants et crapuleux auxquels se livrèrent M. Pornin et sa bande, désappointés de ne pas avoir trouvé à Neuilly ce qu'ils y avaient cherché. Ils prirent part, dit-on, à toutes ces saturnales, et n'auraient échappé qu'avec peine aux désastres des caves, dont je parlerai tout à l'heure.

Le feu faisait de rapides progrès : il consumait

à la fois les meubles amoncelés dans la cour des cuisines, les pièces du rez-de-chaussée adossées à l'appartement de M. le duc de Nemours, cet appartement lui-même et l'aile en retour, qui comprend la chapelle et la salle à manger. La nuit était venue, et les rouges lueurs des flammes, qui s'élevaient au-dessus des toits, avaient averti les pompiers de la commune, dont un détachement, fidèle à ses devoirs, arriva en toute hâte avec les pompes et un tonneau rempli d'eau, sous le commandement de M. Sculpfort. Mais les brigands ne voulaient pas qu'on arrêtât le cours de leurs désordres. Le tonneau fut dételé, renversé et vidé en un clin d'œil. Les efforts des braves pompiers devinrent donc presque entièrement infructueux, en ce moment du moins.

L'incendie se propage de la même façon dans les grands appartements. Ceux des meubles qui n'avaient point été lancés par les fenêtres sont réunis au centre des pièces qui les contiennent, et le feu les dévore; il se communique aux boiseries, et c'est ainsi que le salon carré et la salle de billard deviennent la proie des flammes.

Les meubles tirés de l'ancien appartement de madame la princesse Adélaïde, du cabinet du roi, de la salle du conseil et des pièces avoisinantes, les livres et les tableaux, tout ce qui a échappé au pillage vole dans la cour principale, où s'élève un nouveau bûcher.

Cette scène d'horreur se compliquait du craquement des poutres, du bruit occasionné par la chute des objets lancés par les fenêtres, du petillement des flammes, et par-dessus tout des hurlements de cette bande de forcenés, ivres de vin et de luxure; les uns lançant dans les airs les éclats d'une joie féroce; les autres, atteints par les poutres et les débris, réveillés de leur somnolence par des souffrances cruelles, et qui exhalaient des cris de fureur en recevant la mort.

Quelques bons citoyens, quelques gardes nationaux avaient fini par comprendre leurs devoirs; mais leurs efforts furent tardifs. Le gouvernement provisoire avait envoyé, tardivement aussi, deux élèves de l'École polytechnique, MM. Roger et Juttier, pour tenter d'arrêter ces désastres. Ils réussirent à faire refouler pendant quelques instants les dévastateurs, à les éloigner des lieux où quelque chance restait de sauver les objets que le pillage ou l'incendie n'avait pas atteints. Les employés du château, dirigés par M. Thevelin, se joignirent à eux, et l'on parvint ainsi à mettre à l'écart un petit nombre de tableaux précieux, de livres rares, et la magnifique mosaïque de Pæstum, monument d'art qui, sans ce secours inespéré, n'aurait survécu aux ravages des siècles que pour tomber sous les brutales atteintes d'une troupe de Vandales parisiens.

Vers neuf heures du soir, l'incendie avait acquis toute son intensité; un vent violent accélérait ses ravages. Il gagnait à ce moment l'horloge, qui s'affaissa avec le centre de l'édifice, en faisant jaillir dans les airs une énorme gerbe de flammes au moment même où le son de la cloche venait de vibrer pour la dernière fois.

Jusqu'alors l'aile gauche n'avait pas été atteinte par le feu. Une tentative fut faite pour l'y propager au milieu de la nuit : elle fut comprimée par le zèle de quelques hommes de cœur.

Les pompiers, sous la direction du lieutenant Colin, avaient tenté d'arrêter l'incendie qui dévorait la façade du château : mais ils ne purent réussir qu'à ralentir ses ravages. Les cuisines, la tourelle de M. le prince de Joinville, devinrent aussi la proie des flammes.

Avant que cette portion du palais ne fût détruite par le fléau destructeur, quelques fidèles serviteurs s'efforcèrent de sauver la lingerie, située sous les appartements du prince. Ils n'y réussirent qu'incomplétement. Les beaux services damassés durent être abandonnés ; l'écroulement des étages supérieurs força les travailleurs à la retraite.

Le 26 au matin, entre quatre et cinq heures, les brigands, fatigués de leurs orgies, ivres de vin et de débauche, avaient en grand nombre cédé au sommeil : quelques-uns pourtant veillaient encore ; mais ils erraient dans les décombres à la recherche des objets que l'incendie n'avait pu détruire. L'accès de quelques points du château se trouvait libre, et l'on put songer à sauver l'argenterie, renfermée dans des armoires que le feu devait bientôt atteindre à leur tour. Déjà les corridors qui y donnaient accès étaient interceptés : c'était du dehors seulement qu'on y pouvait parvenir.

Parmi les hommes courageux qui se dévouèrent à cette tâche périlleuse, on cite le brigadier des gens de service Aguetta et un pompier qui s'était muni d'un merlin; ils pénètrent dans la pièce où l'argenterie est placée, en brisant une porte intérieure donnant sous le berceau de la reine. Les objets précieux passent de main en main, avec l'assistance de M. Juttier et de quelques gardes nationaux, commandés par un sapeur du nom de Leroy. Plus d'une heure fut consacrée à cette opération, qui était dangereuse, car les débris enflammés tombaient de toutes parts; elle fut même inquiétée par quelques maraudeurs qu'on retint prisonniers.

Vers six heures et demie, tout était en sûreté. L'argenterie, placée sur des voitures qu'on avait réussi à se procurer, au nombre de cinq, avec le concours de l'argentier Machard, est conduite à la mairie, où elle est remise à la garde de M. Ancelle, l'un des membres du conseil municipal.

C'est à sept heures seulement que le commissaire de police fit sa première apparition. Son intervention fut utile au transport de ces précieux débris d'un immense désastre.

Pendant que ces événements s'étaient accomplis dans les parties du château situées au-dessus du sol, les caves avaient été le théâtre de scènes non moins odieuses. Il s'y trouvait cinq cents barriques de vin, des fûts de rhum et d'eau-de-vie, et au delà de soixante mille bouteilles pleines. On y but outre mesure; on y commit tous les excès dont les appartements du château avaient été souillés. Des femmes, ivres déjà, travesties sous les riches vêtements des princesses, dont elles s'étaient emparées, étaient venues s'offrir aux ignobles caresses des ivrognes, déjà gorgés de vin, et ces saturnales souterraines furent bientôt éclairées par l'incendie que les torches avaient communiqué aux tonneaux de spiritueux, défoncés avec les barriques de vin. Ce fut alors un affreux mélange d'horreurs de toutes sortes, et les cadavres que l'on retira des décombres des caves, après le déblayement de tout ce qui s'était écroulé, montrèrent que ces brigands, noyés dans des flots de vin, carbonisés par le feu, ou asphyxiés par les vapeurs immondes résultant de leurs excès, y avaient trouvé le juste châtiment de leur intempérance et de leur luxure.

Le pavillon désigné sous le nom de *Petit château*, qu'occupait habituellement madame la duchesse d'Orléans, était jusqu'alors resté intact; mais il était dit que le désastre serait général. Au moment où l'on se croyait au terme des déprédations de ces barbares, ils se ruèrent sur ce pavillon et y commirent tous les désastres qui avaient ruiné le château. Les efforts tentés pour prévenir ce nouveau malheur restèrent infructueux, et il fallut ajouter une ruine nouvelle à la nomenclature de toutes ces ruines.

On parvint à retrouver dans le jardin un certain nombre de livres, qui y avaient été jetés pêle-mêle pour les soustraire à l'incendie. Six voitures en furent chargées, sans ordre; mais il fallut triompher de la résistance furieuse des dévastateurs pour les soustraire à leur action destructive.

Ce fut seulement le 27 au matin, alors qu'il était trop tard pour prévenir ou même pour arrêter le cours de tous ces désordres, que M. Roussel, ancien entrepreneur de maçonnerie et adjudant-major de la garde nationale des Batignolles, mû par un louable sentiment auquel il faut rendre hommage, vint offrir ses services, qui furent acceptés. Il organisa un service de sûreté et concentra tous les efforts du petit nombre d'hommes dévoués, qui étaient disponibles, sur les points où il y avait encore quelque chose à sauver. Le restant des bandits ne put être expulsé qu'après deux jours de ce commandement. Ils avaient élevé, comme les pillards des Tuileries, la prétention de se constituer les gardiens des débris du magnifique château qu'ils avaient si cruellement dévasté : cette satisfaction leur fut refusée.

A M. Roussel succéda M. Vernon, ancien entrepreneur des pompes funèbres, qui fut remplacé dans le commandement par M. Belin, bandagiste herniaire, que nous allons retrouver tout à l'heure.

M. de Zeltner, réfugié polonais, ami particulier de M. Vavin, devint plus tard commandant de ce qui restait de ce domaine.

Les incendiaires de Neuilly sont probablement aussi ceux du château de M. de Rothschild à Suresnes, des stations de chemin de fer sur les lignes de Versailles, du Havre et du Nord, et contre lesquels une colonne mobile fut organisée sous la direction de M. Dussart, démocrate sincère, mais honnête homme, qui, plus tard, fut chargé de ramener l'ordre et la tranquillité dans le département de la Seine-Inférieure.

Une instruction judiciaire fut dirigée contre ceux de ces misérables qu'on put désigner au procureur de la République. L'un d'eux, le nommé Gourreau, a été condamné à cinq ans de prison; un autre, nommé Robert, dit Riberolles, a subi la condamnation aux travaux forcés à perpétuité, comme l'un des principaux meneurs : expiation bien incomplète, car il faudra bien qu'en définitive quelqu'un paie le dommage.

IX.

Le sacristain de Saint-Germain l'Auxerrois. — La rançon des écuries du roi. — Importance du matériel sauvé. — Ce que coûtaient les équipages de S. M.

J'ai déjà raconté, au chapitre III, les scènes sanglantes et désastreuses dont le service des écuries du roi a fourni le sujet dans la funeste journée du 24 février. Je reprends mon récit au moment où, le pillage ayant cessé, les voitures de la couronne étant détruites par les flammes ou jetées à l'eau, la foule tumultueuse, qui avait respecté les chevaux, consentit à se retirer.

Les portes de l'hôtel furent closes; tout le monde se mit à effacer, autant que possible, les traces de cet immense désordre, et chacun s'étant retiré dans son modeste logement, on put croire qu'on allait retrouver, sinon la tranquillité d'esprit, perdue pour longtemps, du moins un peu du repos nécessaire après une journée d'aussi terribles épreuves.

La nuit était venue, et malgré l'extrême tristesse à laquelle tous nous étions en proie, personne n'avait pu se soustraire à l'influence de ce sommeil lourd, accablant, que produit une extrême fatigue, et que ne peuvent interrompre les songes les plus pénibles, les impressions les plus douloureuses.

Un bruit infernal vint pourtant nous retirer de cet anéantissement moral. Il se faisait à la porte de l'hôtel, violemment ébranlée à coup de crosses de fusil. L'horloge sonnait une heure et demie du matin. Le portier se lève, tremblant encore des souvenirs de la veille, et demande : — « Qui est « là? — Combattants de février, répondent vingt « voix à la fois. — Ouvre lestement, ou bien nous « enfonçons la porte. »

Le guichet s'ouvre, et une trentaine de chenapans, déguenillés pour la plupart, mais armés jusqu'aux dents, s'introduisent dans l'hôtel et en referment les portes sur eux. Le portier reste stupéfait en reconnaissant quel était le chef de cette bande. — « Eh c'est vous, monsieur Villemet! que « voulez-vous donc à cette heure? — Oui, c'est « moi, Reverchon. Allons, cours vite prévenir tes « chefs ; qu'ils descendent ; car mes soldats ont « soif et faim. Il leur faut à manger, et surtout à « boire : sans quoi, ils mettront le feu à l'hôtel, et « vous serez tous grillés, comme les autres l'ont été « tantôt au Château-d'Eau. »

Le portier, saisi d'épouvante, se hâte de venir sonner à ma porte, et m'instruit de ce qui se passe. A peine vêtu, je descends, et me trouve, sous la voûte de la porte, au milieu d'une troupe du plus inquiétant aspect. L'hôtel abritait quatre-vingtquinze ménages; il importait de ne pas les exposer aux sévices de ces bandits.

L'homme qui les commandait, et qui m'était jusqu'alors inconnu, d'une haute stature, affectant des airs féroces, portait une longue redingote de couleur jaunâtre. Un ceinturon militaire dessinait sa taille, droite comme un cierge. C'était le sacristain de l'église Saint-Germain l'Auxerrois. Il s'avance vers moi d'un œil menaçant, tenant un sabre d'officier d'une main et un pistolet d'arçon de l'autre : exactement comme un héros de mélodrame.

— « Citoyen, me dit-il, tu es chef ici? — Non : « c'est le général comte de Chabannes qui nous « commande. — Il n'est pas là, sans doute; mais « Reverchon m'a dit que tu étais contrôleur. Eh « bien! citoyen contrôleur, il faut que tu me donnes « à boire et à manger pour mes soldats, sans quoi « cela se passera mal, je te l'assure. Ils veulent « mettre le feu à l'hôtel : bêtes et gens, vous serez « tous rôtis. »

Je vis sur-le-champ à quels gens j'avais affaire. Nouveau Gil Blas de Santillane, je mis la main à ma poche aussi docilement que je l'eusse fait sur une grande route solitaire, en présence de l'escopette et du chapeau du mendiant auquel le héros de le Sage fut ainsi contraint de faire l'aumône. Je présentai au sacristain, capitaine de cette bande de brigands, les trois uniques pièces de cinq francs que j'eusse en ce moment sur moi.

— « Voici quinze francs, lui dis-je; faites ache-

« ter du pain et du vin pour vos hommes. — C'est
« bien peu ! — Je n'en ai pas davantage à vous
« offrir. »

Je m'approchai de cet homme, et lui dis à l'oreille : — « Je suis un bon enfant : si la nuit se
« passe tranquillement, venez déjeuner chez moi
« demain, à huit heures, et je vous ferai remettre
« par le quartier-maître cent cinquante francs. Vous
« pouvez compter sur ma parole. »

J'avais touché la corde sensible, et le sacristain
me répondit immédiatement : — « J'accepte. » —
Rengaînant alors son sabre, remettant son pistolet à la ceinture, il me saisit affectueusement la
main en me disant, d'un air de politesse qui contrastait singulièrement avec l'insolence de son début : — « Soyez tranquille, monsieur ; tout se
« passera bien. Vous allez voir comment je vais
« travailler ces gaillards-là. »

Il appela brusquement son lieutenant, vieux
soldat qui avait fait un congé dans les hussards
d'Orléans, et qui se serait fait tuer pour le prince
royal, m'a-t-il dit plus tard : — « Fay, voici quinze
« francs : vas acheter deux ou trois brocs de vin,
« du pain et du fromage, pour rafraîchir un peu
« notre monde. — Mais, commandant, les boutiques sont fermées. — Prends quatre hommes
« avec toi : frappe, et enfonce les portes s'il le
« faut. Ils se lèveront pour les soldats du peuple.
« S'ils résistent, viens me chercher, et je leur ferai
« voir beau jeu. »

Il ne fut pas nécessaire d'en venir à ces extrémités. Le lieutenant revint bientôt après avec une charge de provisions; chacun s'était empressé de se rendre à son éloquence, et l'on avait probablement encore trouvé, vu les circonstances, qu'il était bien honnête à lui de se présenter l'argent à la main : bien d'autres n'auraient pas poussé si loin le scrupule. La distribution se fit dans le cabinet de garde des cochers. J'étais allé m'habiller, pendant ce temps, voulant être en situation de ne pas perdre de vue ces hôtes dangereux, tant qu'ils occuperaient l'hôtel.

Lorsque je revins, je trouvai tout ce monde en joie et en gaieté : le vin du coin faisait merveille. Je fis hommage aux convives d'une livre de tabac de caporal, que je n'avais jamais pu fumer moi-même, tant il était fort; les pipes se bourrèrent, quelques blagues s'approvisionnèrent clandestinement, et je fus salué par d'unanimes acclamations. J'étais devenu maître, à bien peu de frais, de nos terribles envahisseurs.

Il y eut pourtant un moment de trouble. Quelques pochards s'étaient couchés par terre en arrivant, et le sommeil les avait surpris. Réveillés par le bruit du choc des verres et trouvant les brocs presque vides, ils se répandirent en injures contre leurs camarades; je vis le moment où une rixe sérieuse amènerait entre eux une scène de désordre, dont les résultats auraient pu nous être funestes. Le sacristain-commandant intervint fort heureusement; ma promesse d'argent avait fait merveille.

— « Allons, s'écrie-t-il de sa grosse voix : tout le

« monde debout ; il s'agit maintenant de faire
« patrouille. » — Chacun se mit sous les armes,
quelques-uns en rechignant. — « Lieutenant Fay,
« ajoute-t-il, tu vas d'abord parcourir les alentours
« de l'hôtel; puis vous suivrez les quais jusqu'à
« l'Hôtel-de-Ville, et vous reviendrez par la rue
« Saint-Honoré. » Il ajouta, à voix basse, l'ordre de
laisser en chemin, au premier poste ou au premier
bivouac, les ivrognes et les tapageurs qu'il avait eu
soin de comprendre dans le détachement.

Au moment de se mettre en route, un récalcitrant sortit des rangs et dit : — « Cela m'embête,
« moi ; je ne veux pas patrouiller. » — Mais le sacristain, plus prompt que l'éclair, s'élança sur lui,
le pistolet au poing, en disant, avec le juron le
plus inattendu dans une telle bouche : — « S. N. de
« D., tu marcheras, ou je te mouche. » L'insubordonné se rendit à cet argument irrésistible, reprit
sa place dans le rang, et partit avec ses camarades.

— « Voilà comme je les mène, me dit-il ; avec
« ces gaillards-là il faut prendre le chemin le plus
« court. » — Je vis, en effet, que cet homme d'église, quand il donnait un ordre à ses bandits,
terminait toujours ses discours par la même péroraison, le pistolet à la main, la menace et un juron à la bouche. Il avait parfaitement pris la manière de son nouvel emploi. Tout fut désormais
tranquille dans l'hôtel.

Je me promenais dans la cour, en fumant mon
cigare, lorsque le sacristain vint familièrement pas-

ser son bras sous le mien, et me dit : — « Mainte-
« nant que tout va bien, monsieur le contrôleur,
« vous pouvez aller vous coucher. Demain, à huit
« heures, j'irai vous demander une tasse de café et
« je vous amènerai mes deux lieutenants, qui sont
« de bons enfants comme moi; mais ne leur dites
« rien de nos arrangements, car j'ai diablement be-
« soin d'argent. D'ailleurs, je m'entendrai avec eux.
« — Soit, je vous le promets; je ne connais ici que
« vous. »

Je refusais pourtant d'aller me coucher, crai-
gnant le retour de la patrouille; mais il m'affirma
avec une telle assurance que les tapageurs reste-
raient en route, que je me rassurai. Je voyais d'ailleurs, chez Villemet, trop d'empressement à toucher
les 150 fr. promis, pour ne pas être certain que
je pouvais désormais compter sur cet homme. Il
était plus de quatre heures. Moulu, harassé de fatigue, la tête brisée, je me jetai sur mon lit, où je
ne trouvai pour tout repos que des pensées d'a-
mère tristesse et de désespoir.

Dès sept heures j'étais debout, et j'avais présidé moi-même aux apprêts du déjeuner. Mes convives furent ponctuels et arrivèrent à huit heures
sonnant. Ils s'étaient probablement débarbouillés
à nos auges, car leurs figures et leurs mains étaient
à peu près nettes; leur accoutrement sentait moins
le désordre. Le sacristain poussa même la recherche jusqu'à m'emprunter un mouchoir de poche,
dont il était dépourvu, lui qui voulait pourtant
moucher tout le monde. Il est inutile de dire que

je n'ai pas plus revu mon foulard que mes 15 fr.

Les lieutenants de Villemet, anciens troupiers tous deux, appartenaient à la locomotion numérotée, fiacre et cabriolet. Braves gens au fond, ils me déclarèrent ne s'être mis dans l'émeute que parce qu'ils ne pouvaient plus rouler, les rues étant dépavées et barricadées. L'un avait laissé sa *cocotte*, il y avait déjà trois jours, le râtelier garni d'une simple botte de foin, et elle devait attendre bien impatiemment son retour si personne n'en avait pris soin ; l'autre avait brusquement quitté sa femme et ses enfants, et il comptait sur la joie que produirait son retour pour les consoler des inquiétudes causées par son absence.

Quant à Villemet, qui n'avait pas donné non plus signe de vie à madame son épouse, quoiqu'il fût à deux pas de chez lui, il ne se tourmentait que fort peu des courses qu'elle avait dû faire à la Morgue, aux hôpitaux, aux ambulances, pour avoir de ses nouvelles. — « Elle m'aurait embêté dans « mon commandement, disait-il ; j'ai préféré ne « lui rien faire dire. »

Ces messieurs firent fête au café et aux tartines préparées à leur intention, mais surtout et principalement à deux bouteilles de vieux cognac et de vieux rhum, dont je leur versai d'amples et fréquentes rasades. Ces spiritueux délièrent leurs langues, et j'entendis des discours qui n'étaient nullement en harmonie avec les actes des orateurs.

— « Tenez, bourgeois, disait le cocher de ca-
« briolet, tout ça c'est des bêtises à ne rien gagner

« du tout. Voilà Paris culbuté, avec leurs barrica-
« des. Roulez donc à travers leurs tas de pavés!
« C'est à tout casser. Et puis, qui montera dans
« nos mannequins à présent? Les riches? Ils sont
« tous échappés comme une volée de pigeons; il
« faudra du temps pour les ramener au colom-
« bier. »

Du reste, il appréciait assez sainement la moralité des chefs de l'émeute, qui ne l'avaient suscitée
que dans l'intérêt de leur ambition personnelle.

— « Pour moi, disait le fiacre, je ne me suis tapé
« qu'à contre-cœur, surtout quand j'ai appris que ce
« n'était pas au profit de la duchesse d'Orléans et
« de ses mioches; car, voyez-vous, j'ai servi sous les
« ordres du prince; il a été mon colonel. C'était un
« vrai bon enfant, et nous l'aimions tous! Si le
« vieux Philippe, qui est au fond un digne homme,
« ne s'était pas entêté à garder son Guizot, tout
« cela ne serait pas arrivé. »

Il n'est pas jusqu'au sacristain qui ne convînt
d'avoir fait une bêtise en jetant le froc aux orties,
vu qu'il avait pour protectrice une grande dame,
placée près de la reine, et qui lui avait promis de
le faire passer *suisse* dans son église.

Dans l'espoir de réparer cette perte, ce saint
homme me pria instamment de lui délivrer un
certificat attestant sa bonne conduite à notre égard,
pour aider ultérieurement à sa promotion. Je le lui
donnai plus tard, sans y mentionner toutefois la
rançon de 150 fr., qui était bien pour quelque
chose dans ses pacifiques procédés, et qu'il alla

toucher très-exactement à la caisse, au moyen de la lettre qu'au sortir de table je lui donnai pour le quartier-maître, avec lequel je m'en étais entendu verbalement à l'avance.

Je congédiai mes hôtes, bien ronds, bien pleins, sans leur dire, *Au plaisir de vous revoir*, et ils disparurent à neuf heures sans tambour ni trompettes. La république de l'Hôtel de ville venait d'être proclamée.

On m'a dit depuis que le commandant Villemet, n'ayant pas pu dissimuler suffisamment l'encaissement qu'il avait opéré, s'était vu contraint de distribuer une partie de l'argent reçu à ses soldats. Je le croirais volontiers, vu l'insistance que mit madame son épouse à venir solliciter de moi un supplément de salaire, pour lequel je la renvoyai au quartier-maître, sans vouloir cette fois m'en mêler. Je garde précieusement la lettre par laquelle l'honnête sacristain me suppliait de lui faire accorder cette nouvelle gratification, en me remerciant très-humblement de la première. Elle est datée du 25 février 1848, c'est-à-dire du jour même où celle-ci lui avait été payée.

Des gens de la maison m'ont assuré qu'au moment où il sortait de l'hôtel des écuries, le sacristain, en homme habile et expérimenté dans l'art d'exciter la compassion, s'était établi à l'entrée du passage Véro-Dodat. Outre son accoutrement de chef de poste, avec armes et bagages, il portait un bras suspendu dans sa cravate, comme s'il eût été blessé. A ses pieds était une sébile de bois, garnie à l'avance de quelques-unes des pièces de 5 fr. qu'il venait de recevoir et de menue monnaie ; il demandait aux passants des secours *pour les blessés de février*. J'ignore quel succès le saint homme a pu obtenir dans cette nouvelle expédition, plus conforme que l'autre à ses antécédents, mais je parierais volontiers qu'il n'en résulta aucun versement dans la caisse de l'Hôtel de ville.

Le commandement passager du sacristain Villemet à l'hôtel des écuries ne fut qu'un accident sans importance réelle ; si j'en ai parlé avec un peu d'étendue, c'est pour faire voir comment avec de l'audace, dans ces fatales journées, le premier venu pouvait se constituer, n'importe où, une autorité réelle, pour la consolidation de laquelle il aurait au besoin obtenu le concours et la sanction des usurpateurs d'un pouvoir plus élevé, empressés de faire ainsi acte de puissance. Tout était au premier occupant, et telle est la façon dont Caussidière s'installa à la préfecture de police, Étienne Arago à l'hôtel des postes, etc.

Les chevaux et les voitures du roi offraient, aux citoyens du provisoire, des moyens de circulation trop commodes, et surtout trop économiques, pour qu'on ne s'empressât pas d'organiser à leur profit un service spécial. Aussi dès le vendredi, avant midi, vîmes-nous arriver à l'hôtel de la rue Saint-Thomas du Louvre un individu, vêtu d'une simple tunique de garde nationale, coiffé d'un képy, orné d'une écharpe tricolore et armé d'un sabre d'officier, qui nous dit : — « Vous savez,

« citoyens, que le CANON de février a réglé votre
« compte : je viens, au nom du gouvernement pro-
« visoire, prendre ici possession du commande-
« ment. »

L'homme qui parlait ainsi s'appelait Belin Ron-
sil, bandagiste-herniaire, fort peu compétent, sans
doute, pour régler un service de cette nature, mais
auquel il n'en fallut pas moins obéir, l'ordre dont
il nous justifia se trouvant revêtu de toutes les
formalités du jour.

Le citoyen Belin, douloureusement impressionné
du bruit déjà répandu de l'incendie des voitures
du roi, craignait fort sans doute de ne plus trouver que les ruines de tous ces brillants équipages,
objets des convoitises des gens qui l'envoyaient.
Il s'informa donc, avec une sollicitude inquiète, des
résultats de tous ces excès, afin de savoir si quelques débris de voitures, dignes de transporter les
hauts et puissants seigneurs de la République, n'a-
vaient point échappé au désastre général. Grande
fut sa joie quand il apprit que la partie la plus considérable de ce riche mobilier, la plus convenable
surtout au service de ville, était encore parfaitement intacte ; que deux cents voitures et trois cent
soixante chevaux offraient toutes les ressources de
la locomotion la plus confortable et la plus magnifique à ses maîtres, à *ses amis politiques*, réso-
lus d'ailleurs à s'en emparer sans scrupule, à s'en
servir sans hésitation comme objets de bonne
prise. Il s'empressa de prescrire toutes les dispositions nécessaires pour que chacun d'eux eût ses

attelages, conduits par les cochers les plus intelligents, et les voitures les plus convenables aux besoins de son service personnel, comme aux jouissances de sa femme et de ses enfants : le citoyen Belin n'oubliait personne.

En ma qualité de contrôleur des écuries, j'eus à prendre, bien à contre-cœur, les mesures que comportaient toutes ces exigences. En cédant à la pénible contrainte sous l'empire de laquelle nous nous trouvions placés, et tout en enrageant de ne pouvoir m'y soustraire, je pris la seule vengeance qui me fût permise en accouplant, comme on le verra plus loin, quelques-uns des noms parfois bizarres des chevaux et des voitures qui figuraient sur nos contrôles, afin d'en former des emblèmes correspondants aux hautes vertus des parvenus que j'étais forcé de faire ainsi briller aux dépens du roi. Cette malice, à laquelle un très-petit nombre de personnes se trouvèrent initiées, et qui reçoit aujourd'hui sa première publicité, n'avait d'ailleurs aucun caractère d'offense. Il eût été stupide à moi d'en faire l'objet d'une inutile bravade : c'eût été la lutte de l'humble pot de terre contre un trop grand nombre de pots de fer.

Avant de poursuivre cette partie de mon récit, je dois faire connaître la position toute spéciale où se trouvait alors le service des écuries du roi.

Les chevaux et voitures dépendants de ce service n'appartenaient point à la liste civile, ni par conséquent à l'État. Ils faisaient incontestablement partie du domaine privé, puisqu'ils avaient été acquis des deniers du roi, dont ils étaient la propriété particulière.

A quel titre donc le gouvernement provisoire et ses agents se permettaient-ils de disposer du bien d'autrui, et de maintenir ainsi arbitrairement en cours de service un personnel et un matériel dont l'entretien causait des dépenses journalières fort considérables, prélevées sur les revenus personnels de S. M.?

La dotation mensuelle de la liste civile a cessé avec le mois de février. Les dettes considérables laissées par le roi avaient, pour gages de remboursement, les revenus du domaine privé, le produit de la vente de ses chevaux et voitures, ainsi que du haras de Saint-Cloud et d'une foule d'objets mobiliers. Plus tard, il a fallu recourir, pour une somme de vingt millions, à des emprunts hypothécaires sur les immeubles de ce même domaine privé et à la vente de quelques-uns d'entre eux. C'est donc au détriment personnel du roi Louis-Philippe, et en reculant l'époque de sa libération envers ses créanciers, qu'on a entretenu *à ses frais* les trois cent soixante chevaux et les deux cents voitures dont la vente a été retardée; qu'on a payé *de son argent* les employés, les piqueurs, les cochers et palefreniers nécessaires pour les administrer, les faire mouvoir, les conduire, les soigner; qu'on a détérioré ce matériel d'une valeur si considérable, au point de ne plus avoir à vendre, quand on en est venu là, que des voitures usées, aux garnitures fanées et flétries, des squelettes de chevaux, les ombres de ces superbes animaux si gras, si dodus, si fringants, qui formaient les magnifiques attelages de la maison royale.

Voici des chiffres qui serviront à faire connaître quelle était la valeur de ce matériel considérable.

Le roi Louis-Philippe commença par avoir dans ses écuries 300 chevaux. Ce nombre s'accrut successivement et s'éleva à 320, à 340, et jusqu'à 380. Charles X en avait eu 750; Louis XVIII, 900, et l'empereur Napoléon jusqu'à 1,650, dont une grande partie se trouvait détachée par dépôts et par brigades, toujours prêts à faire son service, sur tous les points de l'Europe où les nécessités de la guerre ou de sa politique pouvaient l'appeler.

Le relevé des dépenses faites pour le service des écuries du roi, pendant les dix-sept ans et demi de son règne, présente l'énorme total de 16,563,335 fr., qui se répartissent de la manière suivante :

Traitements et gages.	4,179,068 fr.
Habillement, livrée.	1,872,251
Achats de chevaux.	1,355,487
Carrosserie.	3,128,897
Sellerie.	665,906
Éperonnerie.	75,280
Fourrages, nourriture de chevaux.	4,334,380
Ferrure et médicaments.	372,199
Entretien et indemnités d'ustensiles de pansage.	209,584
Dépenses diverses.	106,256
Dépenses imprévues.	214,327
Indemnité de logement.	49,700
Total.	16,563,335 fr.

C'est une dépense moyenne de 946,500 fr. par an, mais qui a été bien plus considérable dans les deux dernières années; elle s'est élevée, en 1846 à 1,175,000 fr., et en 1847 à 1,340,000 fr. On voit que le roi n'y mettait nulle parcimonie.

La moyenne du prix des chevaux achetés pour le service des écuries du roi était de 1,600 à 1,700 fr. par tête; mais comme on les gardait quinze à dix-huit mois au dressage avant de les faire travailler, et qu'ils y acquéraient un incontestable surcroît de valeur, on les estimait, lors de leur mise en service, à 2,400, 2,800 et même à 3,000 fr. chacun.

Les 360 chevaux existants au 24 février appartenaient aux races suivantes :

Chevaux français.....	220	dont 202 normands.
— anglais......	76	
— allemands...	35	
— espagnols....	15	
— arabes......	14	
Total....	360	

Dans l'état parfait d'entretien où se trouvait tout ce matériel, je serai sans nul doute au-dessous de la vérité en lui attribuant, à la date fatale que je viens de rappeler, la valeur suivante; mais j'ai dû tenir compte de l'influence que la révolution démocratique a pu avoir sur la dépréciation de ce genre de mobilier.

Éperonnerie.............................	30,000
Sellerie et harnais.......................	140,000
275 voitures, y compris celles brûlées.........	1,100,000
360 chevaux, à 1,200 fr. en moyenne.........	432,000
Valeur totale, dont il y aurait eu à compter.	1,702,000 fr.

Les résultats de la vente, opérée par M. le commissaire priseur Bonnefons-Lavialle, qui sont de beaucoup inférieurs à cette somme, témoignent de l'énorme détérioration subie par ces brillants équipages, dont on a abusé d'une manière indigne.

Il faut ajouter que M. le ministre de la guerre a fait choisir, de son autorité privée, 63 chevaux, et des meilleurs, estimés arbitrairement 53,150 fr., c'est-à-dire en moyenne à peu près 845 fr. chacun. C'est un abus manifeste; il aurait dû les prendre aux prix que leur aurait attribués la chaleur des enchères. D'autres ont encore été plus loin : ils ont pris des chevaux sans les rendre et sans les payer. Il y a même une petite voiture, achetée pour le service personnel de M. le prince de Salerne, qui n'a point été brûlée ni vendue, et dont il me serait, je crois, possible de retrouver la trace. Des infidélités de ce genre ont aussi été commises ou tentées sur les magnifiques produits du haras de Saint-Cloud, par la substitution de quelques sujets d'une valeur très-inférieure à quelques autres d'un très-grand prix. Toutes ces petites infamies, dont j'ai une parfaite connaissance, seront ultérieurement de ma part l'objet d'une publication spéciale.

Je ne veux m'occuper en ce moment que des chevaux et des voitures dont se sont arbitrairement emparés les potentats de février, et quelques-uns de ceux qui leur ont succédé, avec autant d'aplomb que s'ils n'attentaient pas à une propriété particulière; des attelages tenus sur pied pendant treize à quatorze heures par jour, ce qui ne pouvait manquer de les ruiner en peu de temps.

Le propriétaire de ces magnifiques équipages s'est trouvé déchu du trône, où le vœu de la nation l'avait appelé en 1830, par un tour de main d'un digne petit-fils du célèbre escamoteur *Ledru-Comus* : c'est un fait politique déplorable auquel il faut se soumettre. Son riche mobilier, ses domaines particuliers ont été impunément dévastés, détruits, incendiés, pillés par des bandits qu'on désavoue maintenant, et dont les actes coupables sont attribués, d'ailleurs, au funeste entraînement du mouvement révolutionnaire, à l'ivresse du triomphe : soit encore; j'admettrai si l'on veut, par hypothèse, le cas de force majeure.

Mais faut-il que le monarque dépouillé de toute part, pendant ces jours d'effervescence populaire qu'on absout avec une singulière indulgence, subisse encore le préjudice d'une spoliation consommée *à froid*, avec réflexion, par un mélange également répréhensible d'orgueil, de vanité, d'avidité, et qui s'est prolongée pendant bien des mois au delà?

En résumé, le roi Louis-Philippe devait-il supporter la dépense des somptueux véhicules dont les membres du gouvernement provisoire, les ministres, les grands fonctionnaires de l'époque ont *usé* et *abusé* si longtemps pour leurs affaires ou leurs plaisirs, et surtout pour l'agrément de leurs familles, tandis que lui et sa noble lignée étaient contraints de partir pour l'exil dans de misérables voitures de louage : dans l'*omnibus de Saint-Cloud?* Trop heureux encore quand le dévouement d'un cœur fidèle à leur mauvaise fortune leur offrait la ressource d'une voiture de fermier !

Qu'on remarque bien, en effet, que non-seulement les chevaux et les voitures du roi ont été indignement abîmés, ruinés par cet usage sans discrétion ni mesure; mais qu'il a fallu que la caisse du domaine privé payât, pendant tout ce temps, la nourriture et le ferrage des chevaux, les frais de l'entretien et des réparations journalières opérées à la sellerie, au carrossage, les gages des palefreniers, des cochers, des piqueurs, etc. Une portion notable du revenu particulier du roi a donc été détournée de la destination sacrée qu'il devait avoir : du payement des dettes de la couronne envers ses fournisseurs, dont la liquidation aurait été bien plus légère et bien plus prompte, si tout ce matériel s'était vendu à sa véritable valeur.

Le principe que je défends a été tellement bien compris par l'administration du séquestre, que quatre chevaux appartenant personnellement à M. le duc de Montpensier, et dont il avait réclamé la restitution, n'ont été remis à M. le général Thiéry, son aide de camp, qu'après qu'il eut effectué, dans la caisse de la liquidation, le versement de la somme considérable de *quatre mille huit cents francs*, à titre d'indemnité des frais de nourriture et d'entretien de ces chevaux pendant tout le temps..... que les hauts barons de février ont bien voulu s'en servir!

Il serait aussi par trop étrange que le roi dût payer, non point les violons pour faire danser ces messieurs et ces dames, qui n'avaient pas mis la France en assez belle situation pour oser donner des bals; mais les brillants équipages qui les ont mollement bercés dans leurs courses ou dans leurs promenades.

Si l'on eût consulté Sa Majesté Louis-Philippe avant de disposer ainsi de son bien, il n'aurait consenti à aucun prix, qui peut en douter! à se faire le pourvoyeur des moyens de locomotion de ces gens-là. Puisqu'on l'a fait sans son aveu, et par l'abus de la force, il faut tout au moins l'indemniser du préjudice que cela lui a causé; c'est la conséquence rigoureuse d'un principe clairement défini par le Code civil (1).

Il serait fort équitable, si la chose était possi-

---

(1) Art. 1927. « Le dépositaire doit apporter, dans la garde
« de la chose déposée, les mêmes soins qu'il apporte dans la
« garde des choses qui lui appartiennent. »

Art. 1930. « Le dépositaire ne peut se servir de la chose dé-
« posée sans le consentement exprès ou présumé du déposant. »

Art. 1962. « Le gardien doit apporter pour la conservation
« des effets saisis les soins d'un bon père de famille. »

ble, de tenir compte à la liquidation du domaine privé, non pas seulement des dépenses d'entretien afférentes aux chevaux et voitures consacrés à ce service, mais aussi de la moins-value résultant du prix auquel la vente de tout ce matériel a été effectuée, comparativement à ce qu'il valait le 24 février 1848. La chose ne serait pas praticable; le point de départ, une estimation régulière, manquerait ici : dès lors, il n'existe aucun moyen de déterminer exactement la dépréciation.

J'ai eu recours à un autre expédient : c'est de faire le décompte de ce qui eût été payé, par chacune de ces *parties prenantes*, au loueur de chevaux et de voitures qui lui aurait fourni des équipages, moins somptueux sans doute, et d'une tenue bien moins soignée que celle d'une maison royale, mais qui n'eût pas exigé, pourtant, un prix inférieur à celui de 25 fr. par journée de voiture attelée de deux chevaux, et de 15 fr. par journée de cheval de selle.

Sans vouloir rabaisser la royauté spoliée au rôle d'entreprise de location, qu'eût repoussé la haute dignité dont elle brillait encore même dans ses désastres, j'ai cru utile de faire connaître quel était le montant du préjudice qu'on lui avait causé, à ce point de vue spécial, au profit de ces gens qui ont vanté, avec tant d'ostentation, leur prétendu désintéressement patriotique.

J'ai cessé mes fonctions de contrôleur au mois de juin 1848. Jusque-là, mes indications porteront sur les notes que j'ai prises personnellement, et dont je suis certain. Pour le temps postérieur à cette date, j'ai suivi les renseignements qui m'ont été fournis; et si quelques légères inexactitudes s'y étaient glissées, ce dont je doute fort, je serais très-empressé à les redresser. Je ne mets ici nulle passion. Rendre à chacun ce qui lui appartient, voilà mont but; et la même justice revient à tous : princes, rois, simples citoyens, démocrates, voire même socialistes.

X.

La république dans les carrosses du roi. — Moyen économique de monter sa cave et de garnir son office. — Le haras de Saint-Cloud.

On est généralement très-disposé à blâmer chez les autres les habitudes de bien-être dont on est privé soi-même; et voilà pourquoi les gens forcés d'aller à pied crient tant contre ceux qui vont en voiture. Mais vienne un changement de fortune, et les plus austères à cet égard se font traîner, sans le moindre souci de leurs précédentes diatribes; ils ne se font nul scrupule d'éclabousser les piétons.

Il en est de même pour toutes les jouissances de la vie, auxquelles on s'accoutume promptement, sans aucun retour vers des jours moins favorisés. On se rappellera longtemps l'aplomb avec lequel une ancienne blanchisseuse, devenue passagèrement grande dame, célèbre d'ailleurs par l'excentricité de ses discours, beaucoup disent même de ses allures, disait à ses *collègues*, en se carrant dans une des loges royales dont ces *dames* s'étaient emparées après le 24 février : — « C'est nous *qu'est* « les princesses. »

Il n'y a pas moins d'aplomb, et il y a plus d'impudence, dans ce délicieux mot du citoyen Louis Blanc, qui, du marchepied de son briska, après une prédication du Luxembourg, jetait à ses adeptes, restés à pied, ces consolantes paroles : « Mes amis, « le jour viendra où vous irez tous en voiture ! »

On vit, en effet, les héros de février, ces républicains aux mœurs si simples et si sévères, en théorie bien entendu, se prélasser sans aucune vergogne sur les moelleux coussins des voitures du *tyran*. On vit mesdames leurs *épouses* y monter avec la même aisance que s'il s'était agi d'une citadine ou d'un omnibus, leurs véhicules habituels. Elles y mirent parfois, pourtant, un empressement risible.

Lorsque le mari de la *princesse* du battoir, dont je viens de parler, fut nommé ministre, on commanda pour lui un service d'équipage, comme pour ses frères et amis. Madame avait donné l'ordre qu'une voiture fût rendue le lendemain, à dix heures précises du matin, à l'hôtel du ministère; mais dès neuf heures et demie, l'impatience la prenant, elle vint en personne aux écuries, accompagnée d'une suivante qui portait au bras un panier.

Elle s'adressa au sous-piqueur Coates, qui était ce jour-là de service; et après avoir décliné son nom et sa qualité, elle lui dit : — « Eh bien ! mon « petit, et ma voiture? — Je croyais que madame « l'avait demandée seulement pour dix heures, et « nous n'y sommes pas encore. — C'est vrai; mais « ne pourrais-je l'avoir tout de suite? je suis pres « sée. — Madame va être obéie. »

M. Coates s'empressa de faire atteler un charmant coupé, tout doublé de soie, pour cette belle dame, qui, vu l'heure matinale, avait sans doute le projet de courir chez un grand nombre de bijoutiers, de lingères, de marchandes de modes et de nouveautés. Ne fallait-il pas monter sa garde-robe comme sa maison? Et, en effet, l'on assure qu'à peine en possession des 10,000 fr. *d'indemnité d'entrée en fonctions*, que lui remit son mari à titre d'*épingles*, elle se hâta d'acheter douze robes de crêpe de toutes les nuances, sans compter le reste.

La voiture étant prête, M. Coates offrit galamment sa main à cette dame, qui n'était pas fière; mais il fut tout ébahi lorsqu'il l'entendit appeler sa servante, et lui dire : « Viens donc, Marie, monte « avec moi. Je vais te conduire à la halle, et nous « ferons ton marché. » Marie ne se le fit pas répéter, mais le malheureux coupé s'en ressentit. Le soir, au retour, la garniture était toute flétrie. Il fallut le nettoyer à fond, pour effacer les nombreuses traces de l'ignoble usage qu'on en avait fait. On y trouva jusqu'à des débris de pommes crues, ce qui fit penser que la belle dame et sa suivante avaient pris en route un frugal à-compte sur leur déjeuner.

Le nombre des voitures affectées au service des membres du gouvernement de la République ou de leurs familles, a été de quarante et une, savoir :

1 berline.	7 briskas.
1 landau de ville.	2 coureurs.
17 coupés.	2 wursch.
10 calèches.	1 char à bancs.

J'en donne plus loin le contrôle nominatif.

Le nombre des chevaux de selle et d'attelage était de quatre-vingt onze. J'en donne également le contrôle nominatif. L'un et l'autre de ces documents sont fidèlement extraits des registres matricules du service des écuries du roi.

Le hasard, je le répète, n'a pas seul déterminé les choix : j'ai désigné le plus souvent, pour le service de chacun de ces héros de l'émeute, les voitures et les chevaux dont les noms me paraissaient le mieux en harmonie avec leurs antécédents, ou avec les vertus que la renommée leur attribuait.

Décomptes individuels ; — Carte à payer.

1° Le citoyen Ledru-Rollin, avocat disert, tribun fougueux, mais moins ardent pour l'action; membre du gouvernement provisoire, ministre de l'intérieur, membre de la commission exécutive.

Son service se composait du coupé le Volant, attelé de *Néron — Imposteur*, relayé à mi-journée par *Fripon — Cartouche*.

Outre cet équipage, le citoyen Ledru-Rollin avait sous ses remises cinq autres voitures : l'Hébé, coupé bas; le Prince, coupé de cérémonie; le Royal, char à bancs de promenade; la Marquise, calèche de ville, et le Phénix, landau de ville et de campagne.

Il avait, de plus, vingt-deux chevaux de supplément dans ses écuries; un piqueur pour prendre ses ordres (c'était le nommé Millet, celui-là même qui arrêta l'assassin Lecomte à Fontainebleau lorsqu'il venait de tirer sur le roi); dix cochers, aide-cochers et palefreniers!

Jamais aucun des princes, fils du roi, n'eut un service aussi considérable.

Voici les noms des vingt-deux chevaux de supplément :

Celadon — Fougueux;	*Intrépide — Trompeur;*
Rodeur — Obstiné;	*Incroyable — Piron;*
Gargantua — Friand;	*Vandale — Argentin;*
Envieux — Démon;	*Goliath — Superbe;*
Orageux — Montagnard;	*Tirelaine — Hypocrite:*
Diable — Poltron.	

Le citoyen Ledru-Rollin a joui de ce matériel pendant les soixante-quinze jours de sa puissance.

Quatre voitures attelées, à 25 fr. l'une,
100 fr. par jour............... 7,500
Dix-huit chevaux de selle et d'attelage harnachés, à 15 fr. l'un,
270 fr. par jour................20,250
} 27,750 fr.

2° Le citoyen Armand MARRAST, ancien maître d'études et rédacteur du *National*, membre du gouvernement provisoire, maire de Paris, puis président de l'Assemblée constituante.

On lui donna le coupé le CI-DEVANT, attelé de *Pimpant — Faquin.*

Le citoyen Marrast a prétendu, devant la commission des comptes du gouvernement provisoire, qu'il avait eu droit à cette voiture en sa qualité de *liquidateur de la liste civile*, parce que l'intendant général de la liste civile jouissait d'une semblable attribution. Il suffit de lire la première page des règlements de l'intendance, pour reconnaître que le citoyen Marrast se trompe complétement. Jamais M. le baron Fain, M. le comte de Bondy ni M. le comte de Montalivet n'ont eu de voitures fournies par les écuries du roi : à plus forte raison ne pouvait y prétendre un *liquidateur* qui n'est resté en fonctions que huit à dix jours.

Quelque dur que cela puisse paraître à l'ancien président de la Constituante, habitué à user largement des choses qui ne lui coûtaient rien, il est juste qu'il paye de sa poche l'équipage dont il a joui. La somme n'est pas très-forte, d'ailleurs; il s'agit de cent dix-neuf journées à 25 fr., ci . . . . 2,975 fr.

3° Le citoyen GARNIER-PAGÈS, ancien courtier de savons à Marseille.

Comme membre du gouvernement provisoire, maire de Paris, ministre des finances et membre de la commission exécutive, le citoyen Garnier-Pagès a eu, pendant cent dix-neuf jours, le coureur l'OMNIBUS, attelé de *Gascon — Marseillais*, qui, à raison de 25 fr. par jour, font . . . . 2,975 fr.

4° Le citoyen François ARAGO, savant astronome, membre du gouvernement provisoire, ministre de la guerre et de la marine, et membre de la commission exécutive.

Le citoyen Arago s'est servi pendant cent dix-neuf jours du coupé l'ÉTOILE, attelé de l'*Éclair — Foudroyant;* ci, à raison de 25 fr. par jour . . . 2,975 fr.

5° Le citoyen Marie, avocat du barreau de Paris, membre du gouvernement provisoire, ministre des travaux publics, puis de la justice, et membre de la commission exécutive, a disposé pendant deux cent soixante-quatorze jours de la calèche la Chouette, attelée de *Bavard — Tracassier*. A raison de 25 fr. par jour, ci........................ 6,850 fr.

M. Marie fils, secrétaire de son père, a fait d'assez nombreuses courses et promenades sur les chevaux de selle des princes, et dans le phaéton du roi. On les porte ici pour *mémoire*.

6° Le citoyen Flocon, ancien sténographe, puis rédacteur de *la Réforme*; membre du gouvernement provisoire, ministre de l'agriculture et du commerce.

Le citoyen Flocon avait à sa disposition le coupé le Paon, attelé de *Chicard — Intrigant*, et pour le service plus habituel de madame, la calèche la Duchesse, attelée de *Calypso — Pomaré*. Ces deux voitures ont été rarement mises en mouvement le même jour ; je ne compterai donc que la dépense d'une seule, quoique les garnitures intérieures aient été fortement salies et endommagées. Ci, pour cent dix-neuf jours à 25 fr................ 2,975 fr.

7° Le citoyen Crémieux (Isaac), avocat du barreau de Paris, membre du gouvernement provisoire, ministre de la justice.

Le citoyen Crémieux se servait du briska le Cerbère, attelé de *Judas — Grison*. Ci, pour cent dix-neuf jours à raison de 25 fr.......... 2,975 fr.

8° Le citoyen Louis Blanc, ancien petit clerc

d'avoué, journaliste, membre du gouvernement provisoire et président de la commission des travailleurs au Luxembourg, ne s'est servi que pendant quarante jours du véhicule mis à sa disposition. C'était le petit briska le COLIBRI, attelé de *Giron — Grain-de-Mil.* Ci, pour quarante jours à 25 fr.................................. 1,000 fr.

9° Le citoyen PAGNERRE, libraire, éditeur d'almanachs, grand promoteur des banquets réformistes, secrétaire général du gouvernement provisoire, et directeur du comptoir national d'escompte.

Le citoyen Pagnerre s'est attribué, pendant cent dix-neuf jours, une voiture qui s'est trouvée être la calèche la MOUCHE, attelée de *Bazile — Dégourdi.* Ci, à 25 fr. par jour................. 2,975 fr.

10° Le citoyen BASTIDE, ancien marchand de bois et rédacteur du *National,* orateur peu éloquent, secrétaire général du ministère des affaires étrangères sous Lamartine, puis ministre lui-même.

Le citoyen Bastide a disposé, pendant deux cent vingt-trois jours, d'un équipage composé du coupé le MULET, attelé de *Factieux — Sournois.* Ci, à 25 fr. par jour.......................... 5,575 fr.

11° Le citoyen CARNOT, avocat, ancien saint-simonien, ministre de l'instruction publique, grand partisan de l'ignorance.

Le citoyen Carnot s'est servi, pendant cent vingt-six jours, du coupé le DÉSERT, attelé de *Midas — Pédant.* Ci, à 25 fr. par jour.......... 3,150 fr.

12° Le citoyen GOUDCHAUX, ex-payeur à Strasbourg, banquier israélite, républicain de la veille, et ministre des finances du lendemain, créateur de l'impôt des 45 centimes.

On lui donna le coupé le Diamant, attelé de *Manœuvre — Avare*. Pour cent cinquante jours à 25 fr.......................... 3,750 fr.

13° Le citoyen Bethmont, avocat du barreau de Paris, nommé successivement ministre de la justice et des cultes, puis de l'agriculture et du commerce.

Il a disposé pendant cent trente-sept jours du coupé le Mercure, attelé de *Pâtre — Navet*. A raison de 25 fr. par jour, ci............. 3,425 fr.

14° Le citoyen Courtais, chef d'escadron en retraite, improvisé général en chef de la garde nationale de Paris. Il a conservé cet important commandement jusqu'au 15 mai, jour où il a été mis en arrestation et en jugement pour avoir laissé violer l'enceinte de l'Assemblée nationale.

Le citoyen Courtais avait à sa disposition quatre chevaux de selle harnachés, savoir : *Soldat — Béta — Don Quichotte — Affligé*, lesquels, à 15 fr. l'un par jour, font 60 fr. Ci, pour quatre-vingt-un jours............................ 4,860 fr.

15° Le citoyen Marc Caussidière, commis-voyageur, s'est installé à la préfecture de police dès le 24 février, pour y faire *de l'ordre avec le désordre*, disait-il ; il en fit un centre d'orgies.

Ayant joui, jusqu'au 15 mai, du briska le Rustique, attelé d'*Espion — Goypeur*, il doit, pour quatre-vingt-un jours à 25 fr., ci...... 2,025 fr.

16° Le citoyen Recurt, médecin honoraire, et assurément sans honoraires ; ministre de l'intérieur, puis ministre des travaux publics, puis enfin préfet de la Seine. Ce fonctionnaire a eu le coupé l'Ambulant, attelé de *Voltigeur — Errant*, pendant deux cent vingt-trois jours, à 25 fr., ci....... 5,575 fr.

17° Le citoyen Trélat, médecin et journaliste. Ministre des travaux publics pendant quarante-quatre jours, le citoyen Trélat, non moins habile comme homme d'État que comme médecin, a disposé du coupé l'Achéron, attelé de *Fier — Tapageur*. Il doit, à raison de 25 fr. par jour.. 1,100 fr.

18° Le citoyen Duclerc, correcteur-typographe et journaliste; ministre des finances, poste où il avait médité le moyen de rétablir la fortune de la France en s'emparant des chemins de fer et des compagnies d'assurances; c'était là ce qu'il appelait *son secret.*

Il a promené ses rêveries dans la calèche la Chimère, attelée de *Jason — Aventureux*. Il lui en coûtera, pour quarante-quatre jours...... 1,100 fr.

19° Le citoyen Casy, vice-amiral. Ministre de la marine pendant quarante-quatre jours, il a disposé du wursch le Phare, attelé de *Tanger — Mogador*. Ci, à 25 fr. par jour................. 1,100 fr.

20° Le citoyen Senard, avocat de Rouen; président de l'Assemblée constituante, puis ministre de l'intérieur. On lui donna la berline la Normande, attelée de *Souple — Flatteur*. Pour cent onze jours à raison de 25 fr., ci................. 2,775 fr.

21° Le citoyen Leblanc, contre-amiral. Ministre de la marine pendant vingt jours, il monta la calèche la Corvette, attelée de *Nageur — Éole*. A

25 fr. par jour, ci.................... 500 fr.

22° Le citoyen Dufaure, avocat de Bordeaux, plusieurs fois ministre de S. M. Louis-Philippe, l'une des colonnes du tiers parti. Ministre de l'intérieur du général Cavaignac, il eut la calèche la Couleuvre, attelée de *Indomptable — Capricieux*, pendant soixante-huit jours à 25 fr., ci. 1,700 fr.

23° Le citoyen Vivien, avocat, ancien collègue de M. Dufaure, mais qui fut, sous tous les régimes, alternativement ministre ou conseiller d'État. Ministre des travaux publics du général Cavaignac, il eut la calèche la Girouette, attelée de *Variable — Incertain*. Pour soixante-huit jours à 25 fr., ci.............................. 1,700 fr.

24° Le citoyen Verninhac, capitaine de vaisseau qui s'est fait contre-amiral. Ministre de la marine du général Cavaignac, il embarqua sur la Sirène, calèche attelée de *Pilote — Jean-Bart*. Pour soixante-huit jours à 25 fr., ci................ 1,700 fr.

25° Le citoyen Freslon, avocat d'Angers, journaliste radical, procureur général à Paris, puis ministre de l'instruction publique.

On lui donna le coupé le Zéphyr, attelé de *Fauvette — Favorite*. Ci, pour soixante-huit jours à 25 fr. . . . . 1,700 fr.

26° Le citoyen Tourret, agronome célèbre, ministre de l'instruction publique et du commerce.

Il eut la calèche la Pomone, attelée de *Faune — Centaure*. Ci, pour cent soixante-dix-neuf jours, à 25 fr. . . . . 4,475 fr.

27° Le citoyen Trouvé-Chauvel, banquier et

ancien maire du Mans, où il fit, lors du passage de M. le duc de Nemours par cette ville, une harangue tellement inconvenante, que le prince dut l'interrompre.

Ministre des finances, puis préfet de police, je lui attribuai le coureur l'Ordonnance, le même que montait M. le duc de Nemours à son passage au Mans, qu'on attela de *Causeur — Grossier.* Ci, pour deux cent seize jours à 25 fr. . . 5,400 fr.

28° Le citoyen Clément Thomas, ex-sous-officier de cuirassiers, improvisé général, commandant en chef de la garde nationale de Paris; célèbre par son mépris pour la Légion d'Honneur, dont il n'est pas décoré.

Il eut pour chevaux de main *Hochet — Jaloux.* Ci, à 25 fr. l'un, pour quarante-sept jours. 1,410 fr.

29° Le citoyen Ducoux, ancien chirurgien sous-aide, préfet de police.

Il s'est servi du briska le Curieux, attelé de *Chourineur — Turbulent.* Ci, pour quatre-vingt-cinq jours à 25 fr. . . . . 2,125 fr.

30° Le citoyen Étienne Arago, ancien directeur du Vaudeville. Journaliste et homme de lettres, il crut devoir, en cette qualité, s'emparer de la direction générale des postes, où il s'est maintenu le plus longtemps possible.

Il s'est servi du coupé le Courrier, attelé de *Troubadour — Farceur,* pendant deux cent quatre-vingt-dix-huit jours à 25 fr. Ci . . . . . 7,450 fr.

31° Le citoyen Gervais, de Caen, ancien médecin des prisons et condamné politique. Préfet de police sous le général Cavaignac.

On lui donna le briska le Faucon, attelé de *Masque — Vaillant*. Pour soixante-huit jours à 25 fr., il doit, ci. . . . . 1,700 fr.

32° Les citoyens Portalis, Pinard et Landrin, avocats, nommés successivement aux fonctions de procureur de la République.

Ils ont disposé, mais seulement pendant vingt jours, du coupé le Confident, attelé de *Minos — Juste*. A 25 fr. par jour, c'est. . . . . 500 fr.

33° Le citoyen Sobrier, conspirateur de profession, coadjuteur du préfet de police, fondateur du Club des clubs.

Le citoyen Sobrier, sans avoir d'autres fonctions ostensibles que celles de directeur du journal *la Commune de Paris*, disposait d'un pouvoir occulte très-étendu. Il n'avait droit à rien, mais il s'emparait de tout. Il avait pris possession de l'hôtel n° 16, rue de Rivoli, où étaient placés les équipages de madame la duchesse d'Orléans; ses estafiers eurent bientôt ruiné les 16 chevaux de selle qui s'y trouvaient.

Il s'est fait donner le wursch le Commandant, attelé de *Léopard — Fosse-aux-lions*. Il eut de plus les chevaux de selle *Janissaire — Vautour*. Ce matériel lui est resté pendant quatre-vingt-un jours, et il doit, à raison de 25 fr. pour la voiture et de 30 fr. pour les chevaux harnachés, 55 fr. par jour. Ci . . . . 4,455 fr.

34° Le citoyen Eugène Cavaignac, général de division.

Cet officier général, arrivé comme simple capitaine à l'armée d'Afrique, avait été distingué par les princes fils du roi, qui l'honorèrent d'une protection toute spéciale, malgré ses opinions bien connues. Il remplaça, le 3 mars 1848, M. le duc d'Aumale dans le gouvernement de l'Algérie.

Ministre de la guerre et président de la commission exécutive, il a eu à sa disposition 4 chevaux de selle qui sont restés dans les écuries du ministère pendant 223 jours, tant pour son état-major que pour celui de ses successeurs. Ces chevaux sont : *Bataille — Corrigé — Dieu-merci — Comme il faut*. A 15 fr. l'un, c'est 60 fr. par jour, et pour deux cent vingt-trois jours . . . . 13,380 fr.

35° Le citoyen Biesta, fondeur en caractères d'imprimerie.

Nommé administrateur des biens de M. le duc d'Aumale, poste non politique, le titulaire y a trouvé les avantages d'une foule de douceurs princières, telles que la chasse à courre, la jouissance de résidences magnifiques, de beaux chevaux de selle, etc.

Il fallait une voiture au citoyen Biesta. Il prit le coupé le Cajoleur, attelé de *Riz-pain-sel — Sans-souci*. Il doit, pour trois cent six jours à 25 fr. . . . . 7,650 fr.

On avait préparé des services de voitures pour deux membres du gouvernement provisoire, qui n'ont pas cru devoir en profiter. Les hommes d'État qui donnèrent cet exemple de retenue, resté sans imitateurs, sont les citoyens Dupont (de l'Eure) et de Lamartine.

J'avais fait préparer, pour le premier, le coupé le Doyen, attelé de *Bonhomme — Intègre;* pour le second, le coupé l'Apollon, attelé de *Pégase — Enchanteur,* avec *Mystérieux — Zig-zag* pour relais.

Le citoyen Vaulabelle, qui fut ministre de l'instruction publique pendant quelques jours, ne voulut pas non plus se servir des voitures du roi.

J'aurais encore un 36e décompte à établir; mais je m'arrête. M. le liquidateur général de la liste civile sait aussi bien que moi à qui doit être imputée la somme de 7,650 fr. à laquelle il s'élève, pour 306 jours de la jouissance illicite d'une voiture attelée de deux chevaux. C'est à lui, d'ailleurs, qu'il appartient d'employer les moyens nécessaires pour faire rentrer à l'actif de la liquidation le montant total de ces décomptes, qui ne s'élève pas à moins de 151,380 fr., y compris la somme accessoire dont je viens de parler. Ce recouvrement, s'il peut être effectué, n'offrira qu'une faible indemnité des pertes qu'a causées aux intérêts de S. M. Louis-Philippe la conservation prolongée de ces équipages, dont usaient, en son lieu et place, les hommes qui l'ont évincé du trône.

Non contents de jouir de ses chevaux et voitures, ils mangeaient le gibier de ses forêts (1), les conserves trouvées dans ses offices, les fruits et les primeurs de ses jardins, et surtout ces magnifiques ananas élevés à grands frais, par milliers, dans les

---

(1) Un troupeau de neuf cents daims, entretenus à grands frais dans le parc du Raincy, a été entièrement détruit.

serres qui en dépendent. Enfin ils ont bu le vin de ses caves, quand les provisions trouvées dans les hôtels ministériels ont été épuisées.

Je n'ai pas la note complète des vins fournis aux membres du gouvernement provisoire; mais voici quelques indications qui mettront la liquidation du domaine privé sur la trace des réclamations qu'elle pourra exercer à cet égard.

Cette digression sort peut-être du sujet principal traité dans ce chapitre; je ne la fais qu'à titre de *hors-d'œuvre*.

Les approvisionnements qui existaient dans les caves du roi représentaient, au 24 février, une somme de plus de quinze cent mille francs, et une masse de plus de 695,000 bouteilles de vins et liqueurs, tant en fûts que bouchées.

Le gouvernement provisoire en a consommé 1236 bouteilles, du 4 au 28 mars seulement. Parmi les personnes qui en ont reçu après cette date, se trouvent celles dénommées ci-après :

Le citoyen A. Marast.

2 pièces de vin de Mâcon, à 280 bouteilles..	560 bouteilles.
2 pièces de vin de Bordeaux, à 300 bouteilles.	600
Vin de Médoc......................	100
Vin de Lunel......................	25
Vin de Malaga.....................	25
Total en nombre de bouteilles....	1,310

Le citoyen Isaac Crémieux.

2 pièces de vin de Bordeaux, à 300 bouteilles.	600
Vin de Beaune.....................	100
Vin de Lunel......................	25
Vin de Malaga...	25
Total.............	750

Le citoyen Garnier-Pagès.

2 pièces de vin de Mâcon, à 280 bouteilles..	560 bouteilles.
2 pièces de vin de Bordeaux-Laffitte, à 300.	600
Vin de Château-Margaux................	50
Vin de Beaune.......................	50
Vin de Lunel........................	25
Vin de Malaga.......................	25
Vin de Madère.......................	25
Vin de Xérès........................	25
Total.............	1,360

Je pourrais multiplier ces citations, mais cela m'entraînerait trop loin. J'ai seulement voulu indiquer la nature des répétitions que la liquidation peut et doit exercer pour cette sorte de préjudice causé au domaine privé.

Je serais mieux resté dans mon sujet en parlant ici du haras de Meudon, devenu plus tard le haras de *Saint-Cloud*, et en démontrant que son entretien, pendant tout le temps qui s'est écoulé depuis le 24 février 1848 jusqu'au 31 janvier 1850, jour où l'Assemblée législative a voté la modique somme de cent mille francs pour son acquisition, a coûté un peu plus que le produit de cette vente. On en aurait conclu qu'il eût été d'une bonne et sage administration de le donner à tout prix, dès le lendemain de la révolution, à n'importe qui aurait voulu le prendre, plutôt que de le conserver pour en tirer un aussi mauvais parti.

Je traiterai cette question plus en détail dans un autre ouvrage. Qu'il me soit permis seulement de citer le passage suivant d'une lettre écrite par le roi au mois de mai 1848, et qui fixera l'opinion sur la véritable valeur de cet établissement.

« Le haras de Meudon est liste civile quant aux « bâtiments, prés et bois, etc., etc., etc.; mais tous « les animaux sont ma propriété personnelle, que « j'ai acquise de M. le duc d'Angoulême en 1830, « et même payée de mes deniers, *cent mille francs* « EN SUS *de ce qu'il me demandait.* C'est donc do-« maine privé dans toute la rigueur du droit, et cela « doit être vendu en décharge de mes dettes. »

Voilà ce roi qu'on dépeignait effrontément comme un avare! Il donne cent mille francs, *en sus de ce qu'on lui demandait*, d'un haras que la République lui achète sans rien rembourser au delà de cette prime, et en bénéficiant par conséquent du prix principal!

Qu'eût fait de plus un prodigue?

Cet acte de généreuse largesse du roi, envers les princes exilés, n'est pas le seul qu'on puisse citer. En examinant le tableaux synoptique de ses dépenses, lorsque j'eus l'honneur d'être admis à Claremont, le 15 novembre dernier, en audience particulière par S. M., elle me dit : « On n'a porté « nulle part les 600,000 fr. en or que j'envoyai à « mon cousin, à Cherbourg, lorsqu'il fut contraint « de quitter la France. »

Est-ce là le fait d'un cœur sec et avide?

RÉSUMÉ.

Sous l'empire d'un sentiment profond d'équité, autant que d'un inaltérable dévouement aux intérêts de la famille royale d'Orléans, j'ai entrepris la tâche que je viens d'accomplir, avec plus de zèle que d'aptitude. Mais si, à mon exemple, tous les honnêtes gens se décidaient à élever la voix sur ce sujet, les dissidents seraient bientôt ramenés par l'accent de la vérité; les calomniateurs et les imposteurs seraient enfin réduits au silence. Que de plus experts me succèdent donc dans la lice!

J'ai voulu démontrer:

1° Que les passions populaires, déchaînées contre S. M. Louis-Philippe, ont été excitées par la plus insigne malveillance, à l'aide de la mauvaise foi et du mensonge. Ainsi, seulement, peut s'expliquer l'étonnante différence qu'on remarque entre le caractère de dignité et de générosité des moindres phases de la révolution de 1830, dirigée par la bourgeoisie contre une royauté parjure, et les actions barbares, ignobles, qui ont signalé celle de février 1848, œuvre d'une populace furieuse, égarée par une poignée de brouillons politiques, précipitant du trône le roi, fidèle à ses serments, sous lequel la France avait atteint au plus haut degré de sa splendeur, de sa richesse. Stupide inconséquence!

2° Qu'il n'y a point eu, en 1848, de combats ni de victoires avouables; mais seulement d'odieux massacres commis sur de malheureux soldats qui, la plupart du temps, n'ont pu se défendre; ce dont personne n'est en droit de se glorifier.

En traçant un tableau rapide, et bien incomplet, des désordres de toute nature, du sac, du pillage, de la destruction dont les propriétés particulières du roi ont été l'objet, alors que sa chute du trône aurait dû les entourer d'une protection d'autant plus sacrée, j'ai voulu prouver que ces déprédations n'étaient pas seulement le résultat de l'effervescence populaire. Elles se sont prolongées bien au delà des jours d'excitation, et après le triomphe de l'émeute; elles sont donc principalement la conséquence des mauvaises passions des triomphateurs, d'une absence complète, chez eux, de tout sentiment de délicatesse et de dignité; elles étaient probablement aussi le but auquel la plupart d'entre eux voulaient atteindre.

Il m'a paru utile, enfin, de grouper ensemble le plus grand nombre qu'il m'a été possible de ces traits de vandalisme et de brigandage, afin de mieux faire ressortir le caractère honteux de cette révolution, plus sociale que politique, dont nous n'avons encore vu que les premiers actes. Les actes futurs, si une réaction honnête et salutaire ne parvenait à en arrêter le cours, nous feraient assister au renversement des institutions les plus saintes, les plus respectées par tous les peuples civilisés ; à l'anéantissement de tout ce qui fait la sécurité des familles et la gloire de la France.

Je ne me flatte pas d'avoir réussi dans mes efforts ; mais j'ai du moins rassemblé des matériaux essentiels. Beaucoup étaient épars, et il importait de les réunir, en contrôlant leur exactitude ; quelques-uns étaient ignorés, et il était bon de les faire connaître.

Plus tard, un metteur en œuvre habile pourra tirer un parti convenable de ces documents, de ces appréciations d'un cœur droit et loyal, disant avec franchise et sincérité ce qu'il a vu, ce qu'il a entendu et ce qu'il pense des hommes et des choses.

Au moment où je termine cet opuscule, la presse de tous les partis s'occupe, avec une certaine animation, des sentiments et des projets que l'on prête aux princes de la famille d'Orléans, ainsi que de leur avenir politique.

Chacun fait son roman à cet égard, et lui donne naturellement la couleur qui convient le mieux à ses vues particulières. Pourquoi ne dirais-je pas, moi, quelques mots de vérité?

Je n'ai certes, en aucune façon, qualité pour parler au nom de cette illustre famille, éprouvée par tant de traverses qui n'ont point ébranlé son courage, et qui supporte avec tant de dignité le malheur de l'exil. Chacun comprendra que ce n'est pas moi qu'elle aurait choisi pour interprète; mais c'est précisément par ce motif que mes paroles seront peut-être accueillies, avec moins de défiance, par les gens qui sont toujours disposés à chercher partout une arrière-pensée.

Je me bornerai d'ailleurs à rappeler des faits désormais acquis à l'histoire, et à en tirer de simples conséquences logiques, suffisantes pour démontrer l'absurdité des suppositions, à perte de vue, auxquelles ont donné lieu d'impudents mensonges.

Le roi Louis-Philippe a signé son abdication et a quitté les Tuileries plutôt que d'user, pour se maintenir au trône, des moyens légaux qu'il pouvait employer si légitimement, et avec succès.

Il y avait là un abandon si complet de toutes prétentions personnelles, qu'on ne put le révoquer en doute. On a donc considéré tout d'abord le rôle politique du roi comme volontairement terminé, quoique sa haute intelligence, son esprit ferme et résolu, fussent toujours dans leur sphère de puissance et d'activité.

Malgré les pertes énormes que la révolution de février lui a causées, tout le monde savait que la levée du séquestre apposé sur le domaine privé lui laissait les moyens de vivre encore avec magnificence, si la simplicité de ses goûts personnels, les habitudes de sa vie de famille ne l'eussent éloigné d'une représentation fastueuse, à laquelle il n'a jamais tenu pour lui-même. En présence du désordre qui règne dans les esprits, non-seulement en France, mais dans une grande partie des États de l'Europe, et en se rappelant l'ingratitude dont on a payé ses efforts, longtemps efficaces dans le cours des dix-huit dernières années, pour en préserver notre malheureuse patrie, on a été généralement d'avis qu'il fut plus sage à lui de se tenir prudemment à l'abri des orages, auxquels son bonheur domestique a été en butte pendant la durée de sa puissance, et qui ont plus d'une fois mis ses jours en péril.

Pourquoi ces considérations n'auraient-elles pas également frappé les princes de la famille royale? Ils n'ont jamais eu soif du pouvoir. Leur unique ambition a été de servir la France, pour laquelle, tous, ils ont plus d'une fois exposé leur vie. S'il existait quelques doutes sur leurs sentiments, complétement désintéressés, il suffirait, pour les dissiper, de se reporter à leur admirable conduite, à leur noble langage, au moment où les désastres de février vinrent les frapper.

M. le duc de Nemours, dont la noble et saine raison obtiendrait, si l'opinion publique était mieux instruite, une popularité qu'il n'a jamais recherchée, dont tout le monde connaît, du moins, le caractère réservé et l'extrême modestie, vertus bien rares avec un esprit aussi élevé, avec un mérite aussi profond, n'a rien de ce qui constitue un ambitieux. Le 24 février au matin, il était à la tête de dix mille hommes de belles troupes; et s'il eût voulu tenter la fortune, n'était-ce pas le moment de l'entreprendre avec toute chance de succès?

L'abstention du prince, commandée par le roi, fut complète dans cette mémorable journée ; sa docile obéissance aux ordres de S. M., alors qu'il lui était si facile de se laisser entraîner à un mouvement contraire, démontre que, de son côté, aucune des suppositions auxquelles on se livre n'est admissible.

M. le prince de Joinville et M. le duc d'Aumale étaient à Alger lorsque les fatales nouvelles leur parvinrent. Le gouvernement provisoire craignait vivement la puissante influence que le jeune amiral exerçait sur la flotte.

« Prince, » lui écrivait le citoyen Arago, ministre de la marine, le 25 février à huit heures et demie du soir, « le salut de la patrie exige que vous ne
« fassiez aucune tentative pour détourner les équi-
« pages et les soldats de marine de l'obéissance
« qu'ils doivent au gouvernement provisoire ; il im-
« porte que vous renonciez, jusqu'à nouvel ordre,
« à mettre le pied sur le sol de la France et à com-
« muniquer avec aucun navire de la flotte.

« Prince, votre cœur patriote saura se résigner
« à ce sacrifice, et l'accomplira sans hésiter. Tel est
« l'espoir que le gouvernement provisoire met en
« vous ! »

Il connaissait bien M. le prince de Joinville, le ministre qui lui adressait ce message, plus semblable à une prière qu'à un ordre ! Son attente ne fut pas trompée, et voici la réponse qu'il reçut, datée d'Alger le 3 mars :

« J'aime trop mon pays pour avoir un instant
« songé à y porter le désordre.

« Du fond de l'exil, mes vœux les plus ardents
« seront toujours pour le bonheur de la France et
« le succès de son drapeau. »

M. le duc d'Aumale, gouverneur général de l'Algérie, commandait à une puissante armée dont il était l'idole, qui l'avait vu combattre dans ses rangs avant qu'il fût placé à sa tête. On pouvait aussi redouter, de sa jeune ardeur, quelque acte compromettant pour la cause révolutionnaire. Voici en quels termes il apprenait aux soldats, le 3 mars également, la résolution qu'il avait prise :

« Officiers, sous-officiers et soldats, j'avais espéré
« combattre encore avec vous pour la patrie !... Cet
« honneur m'est refusé ; mais du fond de l'exil mon
« cœur vous suivra partout où vous appellera la
« volonté nationale. Il triomphera de vos succès :
« tous ses vœux seront toujours pour la gloire et
« le bonheur de la France ! »

S'adressant aux habitants de l'Algérie, le prince leur disait, dans sa proclamation d'adieux :

« Fidèle à mes devoirs de citoyen et de soldat,
« je suis resté à mon poste tant que j'ai pu croire
« ma présence utile au service de la patrie.

« Cette situation n'existe plus...

« Soumis à la volonté nationale, je m'éloigne ;
« mais du fond de mon exil tous mes vœux seront
« pour votre prospérité et pour la gloire de la
« France, que j'aurais voulu servir plus long-
« temps. »

Restait donc M. le duc de Montpensier ; mais on s'est habitué à voir en Espagne l'avenir politique de ce jeune prince, et, jusqu'ici du moins, on l'a laissé en dehors de toutes les suppositions qui ont eu cours.

Je n'ai pas à parler de madame la duchesse d'Orléans, et des précieux rejetons qu'elle forme aux vertus dont elle est le symbole, aux sentiments nationaux que la loi d'exil ne défend pas de nourrir et de professer. On sait assez que l'illustre veuve du prince royal sait courber la tête avec résignation sous les plus rudes coups de la fatalité, sans laisser abattre son courage ; qu'elle met sa gloire à bien élever ses nobles enfants, mais qu'elle ne s'est jamais occupée d'intrigues politiques.

Les princes de la maison d'Orléans ont dû protester, le 19 mai 1848, contre le projet de loi, décrété plus tard, qui leur fermait l'accès de la France :

« Nous avions lieu de penser, écrivaient-ils alors
« au président de l'Assemblée constituante, qu'en
« quittant Alger au premier appel fait à notre pa-
« triotisme, nous avions fourni au pays une preuve
« patente de notre ferme intention de ne pas cher-
« cher à désunir la France, comme nous avions té-
« moigné du respect avec lequel nous acceptions
« l'appel fait à la nation. Nous nous flattions aussi
« que le pays ne pourrait songer à nous repousser,
« nous qui l'avions toujours fidèlement servi dans
« nos professions de marin et de soldat.

« Exempts de toute ambition personnelle, nous
« protestons, devant les représentants de la nation,
« contre une mesure dont nos précédents et nos
« sentiments devaient nous garantir. »

Ce langage, plein de convenance et de dignité, auquel M. le duc de Nemours a formellent adhéré, indique les devoirs que se sont tracés les fils du roi Louis-Philippe; et nul n'a le droit de faire injure à leur loyauté, bien connue, en leur prêtant des intentions différentes. On voit d'ailleurs par leurs actes, par leurs solennelles paroles, qu'ils se soumettent à la volonté de la nation, *dont ils reconnaissent la souveraineté*, et à l'autorité de ses représentants, tout en protestant néanmoins contre une proscription qui n'était encore que proposée, et qui les met en dehors de la loi commune.

Est-ce à dire qu'ils se croiraient déliés, par l'injustice dont on les a frappés, de leurs obligations comme citoyens, comme Français? Nul ne voudra le prétendre après avoir relu les solennelles déclarations du 3 mars, écrites en partant pour un exil qui n'avait pas même encore la sanction de la loi. Qu'on cesse donc de prêter à ces généreux *fils de France*, qu'une disposition cruelle, mais non point irrévocable, a momentanément éloignés de la patrie, des sentiments et des projets que nul indice raisonnable ne justifie, et que tout dément au contraire.

Soumis à la souveraineté nationale, pourraient-ils reconnaître à qui que ce soit des droits qu'ils ne revendiquent pas pour eux-mêmes, et les sanctionner par une transaction qui serait un contresens tant que cette volonté suprême ne les aurait pas consacrés? Et si cette consécration leur était un jour acquise, quelle serait la valeur d'une renonciation quelconque?

On doit s'étonner à bon droit de la crédulité avec laquelle, dans un siècle aussi positif que le nôtre, ont été accueillis ces bruits mensongers, quand on considère que la transaction supposée n'aurait pas même pour principe un avantage quelconque offert à la famille d'Orléans, tandis qu'au point de vue même de ses promoteurs, elle lui serait complétement défavorable.

Les princes de la branche cadette (ils l'ont dit plus d'une fois) sont *à la disposition de la France. Leur sang lui appartient*, et il ne refusera jamais de couler pour elle. Leur unique ambition est d'être mis en situation de la servir avec loyauté, dans la mesure qui sera faite à leur dévouement.

Dieu est grand! l'avenir est immense, et nul ne peut le prévoir! Mais tous ceux qui, comme moi, connaissent les sentiments de droiture et de véritable grandeur qui animent tous les membres de cette auguste famille, si indignement méconnue, sauront qu'il n'y a rien que de bon, d'honnête, d'honorable à attendre d'eux, et jamais une faiblesse, une lâcheté ou une perfidie.

EXTRAIT

DES CONTROLES MATRICULES DES ÉCURIES DU ROI,

INDIQUANT LES NOMS DES VOITURES
ET DES CHEVAUX AFFECTÉS AUX AUTORITÉS DU GOUVERNEMENT
PROVISOIRE.

(Au 24 février 1848, ces contrôles comprenaient 275 voitures de toute espèce et 360 chevaux.)

VOITURES.

Achéron, coupé.
Ambulant, coupé.
Apollon, coupé.
Cajoleur, coupé.
Cerbère, briska.
Chimère, calèche.
Chouette, calèche.
Ci-devant, coupé.
Colibri, briska.
Commandant, wursch.
Confident, coupé.
Corvette, calèche.
Couleuvre, calèche.
Courrier, coupé.
Curieux, briska.
Désert, coupé.
Diamant, coupé.
Doyen, coupé.
Duchesse, calèche.
Étoile, coupé.
Faucon, briska.

Girouette, calèche.
Hébé, coupé.
Marquise, calèche.
Mercure, coupé.
Mouche, calèche.
Mulet, coupé.
Normande, berline.
Omnibus, coureur.
Ordonnance, coureur.
Paon, coupé.
Phare, wursch.
Phénix, landau.
Pomone, calèche.
Prince, coupé.
Renard, briska.
Royal, char à bancs.
Rustique, briska.
Sirène, calèche.
Volant, coupé.
Zéphyr, coupé.

CHEVAUX.

Achille.	Enchanteur.	Incertain.	Pédant.
Affligé.	Envieux.	Incroyable.	Pégase.
Argentin.	Éole.	Indomptable.	Pilote.
Avare.	Errant.	Intègre.	Pimpant.
Aventureux.	Espion.	Intrépide.	Piron.
Bataille.	Factieux.	Intrigant.	Poltron.
Bavard.	Faquin.	Jaloux.	Pomaré.
Bazile.	Farceur.	Janissaire.	Riz-pain-sel.
Bêta.	Faune.	Jason.	Rôdeur.
Bondissant.	Fauvette.	Jean-Bart.	Sans-souci.
Bonhomme.	Favorite.	Judas.	Soldat.
Capricieux.	Fier.	Juste.	Souple.
Calypso.	Flatteur.	Léopard.	Sournois.
Cartouche.	Fosse-aux-lions.	Manoeuvre.	Superbe.
Causeur.	Foudroyant.	Marseillais.	Talma.
Céladon.	Fougueux.	Masque.	Tanger.
Centaure.	Friand.	Midas.	Tapageur.
Chicard.	Fripon.	Minos.	Tire-laine.
Chourineur.	Gargantua.	Mogador.	Tracassier.
Ciron.	Gascon.	Molière.	Trompeur.
Comme-il-faut.	Goliath.	Montagnard.	Troubadour.
Corrigé.	Goypeur.	Mystérieux.	Turbulent.
Dégourdi.	Grain-de-mil.	Nageur.	Vaillant.
Démon.	Grison.	Navet.	Vandale.
Diable.	Grossier.	Néron.	Variable.
Dieu-merci.	Hochet.	Obstiné.	Vautour.
Don-Quichotte.	Hypocrite.	Orageux.	Voltigeur.
Éclair.	Imposteur.	Pâtre.	Zig-zag.

FIN.

TABLE DES MATIÈRES.

                                                 Pages.

Épilogue servant de préface. — Mort du roi Louis-Philippe.................................. 1

I. Deux révolutions : 1830 et 1848. — Parjure et fidélité : même récompense. — Le pamphlétaire Cormenin démenti par le liquidateur Vavin............. 9

II. Point de combats, point de victoire. — Résistance partielle. — Massacre des municipaux désarmés. — Poste du Château-d'Eau.................. 29

III. Guet-apens de l'hôtel de Nantes. — Le crime politique. — Auto-da-fé des voitures du roi....... 57

IV. Sac et pillage des Tuileries. — Scènes de vandalisme et de dévastation. — Le régicide en effigie. — Moralité de ces actes..................... 71

V. L'hôtel des Invalides civils. — Le garçon lampiste. — L'autographe du prince de Joinville. — Détails sur le mobilier de la couronne............... 97

VI. Le trésor et les diamants de la couronne. — Madame la duchesse d'Orléans partant pour la chambre des députés. — Le bureau des secours........ 119

VII. La cour du Louvre. — Les *hauts faits* du *vieux soldat*. — Le Palais-Royal *nationalisé*......... 141

VIII. Les héros de Février en partie de campagne. — Le château de Neuilly. — Le château de Villers. — Pillage, orgies, incendie, dévastation complète.   155

IX. Le sacristain de Saint-Germain-l'Auxerrois. — La rançon des écuries du roi. — Importance du matériel sauvé. — Ce que coûtaient les équipages de S. M.   173

X. La République dans les carosses du roi. — Moyen économique de monter sa cave et de garnir son office. — Le haras de Saint-Cloud............   195

Résumé.................................   213

Contrôle, indiquant les noms des voitures et des chevaux affectés aux autorités du gouvernement provisoire...   223

Paris. — Typographie de Firmin Didot frères, rue Jacob, 56.

www.ingramcontent.com/pod-product-compliance
Lightning Source LLC
Chambersburg PA
CBHW051913160426
43198CB00012B/1866